U0748600

瞬间的把握

——电力摄影实践

国网北京市电力公司 组编

王飞 主编

中国电力出版社
CHINA ELECTRIC POWER PRESS

内 容 提 要

为提高企业新闻宣传人员的摄影水平，国网北京市电力公司组织编写了本书，希望能够为电力新闻宣传工作尽绵薄之力。本书先从好的电力题材照片的标准、如何拍好电力题材照片等角度对新闻宣传照片拍摄进行了概述，接着对拍调研、拍会议、拍人物、拍现场、主题策划这 5 个电力行业常用的拍摄方向进行了详细讲解，最后讲解了手机摄影和无人机航拍的技巧。全书内容全面、理论与实践结合紧密，非常适合电力新闻宣传人员学习，也可供电力摄影爱好者参考。

图书在版编目（CIP）数据

瞬间的把握：电力摄影实践 / 王飞主编；国网北京市电力公司组编. —北京：中国电力出版社，2017.9
ISBN 978-7-5123-9987-7

Ⅰ．①瞬… Ⅱ．①王… ②国… Ⅲ．①电力工业－工业企业管理－北京－ 2016 －画册 Ⅳ．① F426.61-64

中国版本图书馆 CIP 数据核字（2016）第 269075 号

出版发行：中国电力出版社
地　　址：北京市东城区北京站西街 19 号（邮政编码 100005）
网　　址：http://www.cepp.sgcc.com.cn
责任编辑：马首鳌　010-63412396
责任校对：王小鹏
装帧设计：张俊霞
责任印制：蔺义舟

印　　刷：北京盛通印刷股份有限公司
版　　次：2017 年 9 月第一版
印　　次：2017 年 9 月北京第一次印刷
开　　本：889 毫米 ×1092 毫米　16 开本
印　　张：13
字　　数：258 千字
印　　数：0001—3000 册
定　　价：88.00 元

《瞬间的把握——电力摄影实践》不是一本摄影教科书，而是一本难得的行业摄影实践手册。

多年来，电力行业的摄影创作活跃，无论是与电力行业相关的新闻摄影实践，还是艺术摄影探索，所形成的成果都很丰富，其中优秀的摄影作品更是可圈可点。在这些得到广泛认可的优秀作品中，新闻摄影作品是主流。而对于大批在电力摄影一线的摄影人来说，如何在本行业有时激动人心、有时波澜不惊的生产生活之中捕捉不同寻常的瞬间，实现精彩的视觉呈现，是一个具有共性的话题。这本书最大的价值与贡献也在于此。

摄影是一个具有极强实践性的工作门类，电力摄影作为行业摄影的一个类别，既有与其他行业摄影门类相通的基本规律和基本技能，也有其独特之处。在浏览业内摄影同仁优秀作品的同时，电力行业的摄影师也希望通过对同行拍摄实践过程的了解，提升个人摄影实践水平。《瞬间的把握——电力摄影实践》在这一点上实现了有效突破。它不仅呈现了不少全国电力系统摄影人拍摄的优秀作品，而且对电力行业不同专业、不同场景的新闻摄影实践的经验进行了总结、提炼，更细致地向读者提供了相关作品的具体拍摄方法和拍摄数据，这使得本书超越了一般行业摄影优秀作品的简单集纳和展示，成为一本很有用、可常用、留得住的工具书。

作为一位在电力新闻摄影领域从事了20多年实践的资深摄影人，本书主编王飞老师仔细梳理了电力行业新闻摄影实践中摄影人最为关注的几大问题，并进行了分门别类的详尽介绍和展示：如何拍好电力题材照片，怎样拍摄调研活动，怎样拍人物、拍会议、拍现场，怎样进行主题策划等等，这些章节针对行业摄影"痛点"，深入浅出地为电力摄影同仁提供了具有指导意义的实践参考，相当"解渴"。与此同时，全书呈现的作品又在创新性电力新闻摄影呈现方式方面，给了读者有益的启发。

很高兴，电力行业优秀摄影作品能够以这样扎实、有效的方式得到展现，而本书不仅仅是一本行业摄影实践手册，更成为一本可学、可查、可参考的实用摄影教材。

2017 年 9 月 10 日

序言二

我在中电传媒（前身是中国电力报）做了二十多年的摄影记者和图片编辑，其间，经常被电力行业新闻摄影工作者的优秀作品所鼓舞，也时常被电力行业新闻照片中存在的诸多问题所煎熬。

在对新闻摄影的关注中，人们往往更多地倾向于社会新闻的重大突发事件，即那些能够引起轰动效应并被广泛关注的事件。

但是，重大突发新闻并不是每天都会发生的，特别是在电力行业的正常生产和运行中，日常新闻才是行业摄影记者经常采访的题材。

受行业性质的限制，加上行业摄影记者对自身题材的司空见惯乃至视而不见，使得电力题材新闻照片的表现手法陈旧，许多照片不注重摄影语言的使用，缺少新的视觉表现，没有起到文字所不能替代的作用，只是在图解文字，成为版面填充和装饰品。

编写本书的初衷，就是针对这些问题，向读者介绍电力行业的优秀摄影记者长年积淀的经验、日复一日的训练和对摄影语言的把握。

参加本书编写的作者，除了我是媒体人，其他都是电力行业中颇具水平的摄影师，他们承担着各自企业的新闻摄影报道和企业宣传摄影工作，是电力行业摄影的部分中坚力量，分享他们的技能和经验，将使读者受益匪浅。

这本书不是简单的拍摄指南，也没有按照理论教程去解读新闻摄影，而是有针对性地解决电力行业新闻摄影和宣传摄影实践中最常遇到的难题。对于刚入门的新手，这些难题是必过的门槛，是一名摄影记者在理论和技术层面的基本训练。

为了突出实用性，本书设置了拍摄领导视察、会议摄影、人物摄影、生产现场摄影以及企业新闻专题摄影报道的策划等章节，包括使用手机拍摄、无人机航拍等。这些项目基本涵盖了电力行业新闻报道和宣传工作对于摄影的需求。

本书内容实践性强，案例丰富，图文并茂，观点多样，叙述简练，力求让读者在技能和理论上皆有提升。

此外，感谢中国电力出版社对我的信任，感谢中电传媒的支持；感谢各位作者的努力；感谢多位摄影师朋友为本书提供图片。

2017 年 6 月 28 日

目录

郑贤列 摄

周元林 摄

侯贺良 摄

王 飞 摄

徐可 摄

电力题材摄影是一个独特的摄影门类。电力摄影与其他摄影门类有许多共同点，都要遵循摄影的基本规律和基本技能，但也有着许多不同点。拍好电力题材照片，必须遵循电力行业的特点，了解电力生产的全过程，运用具有行业特色的摄影语言进行创作。

1 / 好的电力题材照片的标准

电力摄影与其他门类摄影在基本规律上是相同的，好的电力题材照片的标准与其他门类摄影也是相通的。我们尝试为好的电力题材照片总结几个基本要点。

一张成功的电力题材照片必须具备：

（1）主题鲜明；

（2）被摄主体成为视觉中心；

（3）构图简洁。

青春在这里闪光（徐广 摄）

▶ **背景：** 2015 年 11 月 3 日，500kV 西柏坡变电站安装现场。

▶ **点评：** 这张照片拍摄于 500kV 西柏坡变电站投运之前，秋日的骄阳照射在高空作业青年员工的身上，年轻富有朝气的身影处在光芒之中，预示着电力事业发展的辉煌。鲜明的主题，红色的基调，严格的黄金分割构图，清晰的画质使作品趋于完美。

青藏联网工程西大滩第 2 标段验收（王飞 摄）

▶ **背景：** 2011 年 7 月 24 日，青藏联网工程西大滩第 2 标段，玉珠峰下。青海超高压运行检修公司对甘肃送变电工程公司施工的线路进行验收。图为走线组在高空查看导线磨损情况。

▶ **点评：** 青藏联网工程是目前世界上海拔最高的电网工程。画面真实地记录了验收人员在恶劣环境下进行走线验收的场景。背景的雪山衬托着前景中的线路和线路上的验收人员，画面震撼。合理的景深控制，娴熟的构图技巧，使作品除了较高的新闻价值，还具有较强的形式美感。

2 / 如何拍好电力题材照片？

电力题材摄影是一个极具行业特色的摄影门类。如今电力事业飞速发展，以特高压及清洁能源为代表的新兴智能能源体系迅速崛起，电力摄影必须跟上时代的步伐，电力行业的摄影工作者必须更新观念，加强学习，勤于实践，努力了解掌握电力行业的专业知识，才能准确地、更好地记录电力改革的发展，讴歌电力建设的成就，展现电力员工的风采，不断拓展电力摄影题材的空间。

在具体的摄影实践中，一幅优秀的电力题材作品必然取材于电力行业某些具象的元素，运用独到的摄影语言和表现形式，生动地展现在人们面前。

2.1 敏感、思考与直觉

敏感、思考与直觉实际上就是一个从发现美到运用摄影手段展示美的过程。所谓"发现美"就是拍摄者以自己的直觉及对事物敏锐的观察，经过思考和构思，运用与其相应的摄影语言进行完美的表达，从而达到"展示美"。这一切都是瞬间完成的。拍摄出出色的图片，是拍摄者对瞬间的把握、对拍摄对象的敏锐观察、对器材熟练运用的结果。

2.1.1 主题鲜明

一幅好的作品，必须有一个鲜明的主题，这是作品的灵魂所在。

作者通过画面想告诉读者什么？想表现什么？想表达什么样的情感？这些作者的拍摄意图，也就是照片的主题。一幅好的照片应主题鲜明，引人思考，耐人寻味，并给人以美的启迪。

每一幅照片都有它的主题和主体。要做到主题鲜明，必须突出主体，以此来表达和说明主题。

跨越（李冲 摄）

▶ **背景：** 2016 年 5 月 20 日，高铁列车安全通过刚刚架设完成的蒙西至天津南（河北段）1000kV 特高压线路。

▶ **点评：** 这是一幅纪实报道图片，特高压线路跨越高速铁路，不仅施工难度大，还需要在规定的时间段内施工，图片的主题就是要表现工程全貌。图片处理成黑白效果，使一些不利于画面的因素削弱，不失为一种尝试，体现了作者对现场的把控能力。

作为画面主体的高速列车疾驶穿越画面，强烈的动感引起读者关注，有效地突出了主体，表现了主题。

石家庄科学用电知识夏令营开营仪式（徐广 摄）

▶ **背景：** 2007 年 7 月 14 日，石家庄科学用电知识夏令营在石家庄供电公司举行开营仪式。

▶ **点评：** 画面上一个个稚嫩的笑脸，不规范的安全帽佩戴，天真烂漫的表情。我们见过许多开幕、开营之类的照片，却少有如此生动的画面。作者独到的角度，准确的定格，在欢快的气氛中突出了主题。

2.1.2　被摄主体成为视觉中心

　　主体是整个画面结构的核心，也就是人们常说的视觉中心，是作品主题思想的集中体现。一般来讲，一幅好的摄影作品要有一个"趣味点"。围绕这个"趣味点"进行画面的构图和取舍。我们在选择拍摄主体的时候，一定要根据主题的要求，选择那些最具有代表性、典型性和最富有表现力的元素作为被摄主体。

为画面主体服务的元素是陪体，陪体是为了烘托和渲染主体的，是呼应主体为主体服务的，比如以不同的形式将读者的注意力引导到主体上。而陪体不能喧宾夺主，对不利于表现主体的陪体，应该毫不犹豫地舍弃。

趣味运动会进军营（王文 摄）

▶ **背景：** 2010 年 7 月 29 日，安徽淮北供电公司员工与驻地部队官兵举行趣味运动会。

▶ **点评：** 作者的画面感非常好，主体和陪体关系处理得当，景深控制很好，两位主体人物的神态和形态抓拍到位，画面气氛表现得淋漓尽致，表现了军民鱼水情深的和谐场面。构图也是严格按照黄金分割构图法，主体处于画面显著位置。体现了作者熟练的抓拍技巧和对题材的把控能力。

农民工安全出行宣传进工地（王文 摄）

▶ **背景：** 2009 年 12 月 15 日，快过年了，安徽淮北供电公司请来民警，为在变电站施工的农民工讲解识别假车票的知识。

▶ **点评：** 画面中虽然包含了很多信息，但即使不看文字说明也能大概了解新闻照片反映的事实。照片中的人物神态自然真实，两只手臂和所有人的视线形成有形和无形的线条，汇集到"火车票"上，将前景与主体联系起来，将同为主体的民警与农民工联系起来，点明了主题，背景元素则交代出具体环境。照片充分体现了电力企业的人文关怀。

温馨一家人（隋少臣 摄）

▶ **背景：** 2017 年 3 月 19 日，某电网企业组织员工家属参观变电站。

▶ **点评：** 这是一次单位组织的员工家属参观变电站的活动。"我的爸爸是一名电力员工，他经常加班加点、早出晚归，回家后还要查阅资料，很少有时间陪伴我和妈妈，希望爸爸保重身体。"这是女儿的心里话。这张照片非常富有喜感，充满情趣，主体人物神态和形态抓拍到位，景深控制恰到好处，虽然背景稍显杂乱，但主体人物仍然得到突出。

2.1.3 构图简洁

一幅好的摄影作品画面应该是简洁的，这主要体现在拍摄构图上。美国摄影家爱德华·韦斯顿说，摄影构图是"把不同的部分组织起来获得一个统一的整体，从而达到达意、简洁、提炼、悦目的目的"。就是说，一幅摄影作品要想"悦目"和"达意"，必须通过对整个场景的"提炼"，以最"简洁"的构图形式展现在读者的眼前。简洁的构图是拍好照片的前提，是拍摄者对画面元素进行组织的过程，是做好"减法"的过程。通过构图，把必要的和最重要的元素展现给读者，其他不重要的元素，果断舍弃。

给爸爸一个祝福（冷柏 摄）

▶ **背景：** 2008 年 7 月 19 日摄于拉西瓦水电建设工地。暑假期间，一些水电建设者的家属来工地探亲。这是工人结束午休上车前往工地时，这个孩子在送别爸爸。

▶ **点评：** 作者敏锐地发现了这个场景并不失时机地拍摄下来，画面里洋溢的亲情感染着读者。画面结构简单，情感真挚，主题表达充分，主体人物神态生动自然，表达了亲人的牵挂和祝福，同时强调了安全生产的重要性。

青藏联网工程医疗卫生保障总院进行高原医疗保障演练（王飞 摄）

▶ **背景：** 2011 年"八一"建军节前夕，驻扎在海拔 4700 米的那曲地区的武警水电青藏直流联网工程医疗卫生保障总院正在进行高原医疗保障演练。

▶ **点评：** 高原医疗保障演练已经形成常态，但这幅作品拍摄角度新颖，动静、虚实对比的表现手法把握恰到好处。画面结构和元素简洁，但强烈的动感使所有元素都紧张起来，现场气氛强烈，动感、空间感表现充分。这是作者长年的拍摄经验积累所得，拍摄手法独到。

2.2　合理构图突出主题

摄影构图是摄影者把自己的所见组织成视觉符号，通过镜头对画面进行截取，并以二维形式呈现其结构关系及视觉效果的过程。构图是摄影作品最重要的外在表现形式，是摄影者审美情趣和主观情绪的直接表达，对摄影主题有着强烈的渲染作用。

一幅优秀的电力题材摄影作品，一定是形式和内容的完美结合。作品的形式虽然是外在的，但却能作用于他人的视觉感受，起到强化主题的作用。

日月（翁吉伟 摄）

▶ **背景：** 2015 年 10 月摄于山东潍坊国华寿光电厂建设工地，高达 160 米的冷却塔正在紧张施工中。

▶ **点评：** 画面中两个"擎天柱""托起"巨大的构筑物，合适的角度既确保了画面的平衡稳定，又不失强大张力，很好地表达了作为基础产业的电力工业与自然、与"日月"和谐共生的主题。创作过程中，作者通过观察萌发了灵感，在冷却塔内找到一个合适的角度，顶端出口恰似一轮凸月，但这似乎还缺少点什么，如果能把太阳也拍进画面该有多好。作者又巧妙的进行位移，通过取景器观察和调整，当太阳刚刚被柱子遮挡尚有光芒放射时，按下快门。使用 14—24 毫米超广角镜头拍摄，F22 光圈，ISO100。

2.2.1　布局为主体服务

　　这里所说的布局，就是摄影构图过程中，刻意将某个元素安排在画面中的某个位置，使之与画面中其他元素相呼应，构成相互衬托与强化的关系，达到突出被摄主体的视觉效果。布局是否合理，是摄影者构图能力的体现，关系到作品的表现形式和思想表达。

　　摄影构图，平衡和美感是基本原则。无论运用什么构图方法，最终都要围绕主题的表达，画面的平衡和美感来进行。至于画面的视觉冲击力，不是靠夸张的视角营造的，而是在平衡和美感的基础上，通过画面自身内容以及独特的摄影语言的表达来实现的。

电网建设者（翁吉伟 摄）

▶ **背景：** 2010 年摄于建设中的江苏泰州 500kV 变电站。

▶ **点评：** 作品采用对称式构图，利用放射性的线条将画面引向视觉中心的人物。大量斜线条的运用，使画面充满张力，而人物处于画面中心位置，又确保了整个画面的平衡和稳定。同时，"内边缘"处理得当，人物呈剪影效果，突出了人和环境的关系。在对称式构图中，位于画面中央的被摄主体最突出，有着更强的表现力。

补天（翁吉伟 摄）

▶ **背景：** 2015 年 10 月 14 日，山东潍坊国华寿光电厂建设工地，工人们正在进行储煤仓穹顶金属构架安装。

▶ **点评：** 主体人物处于画面左上黄金分割点附近，密集的线条有序地向边缘收拢，留白处，一个工人完美的动作，准确诠释了"补天"的主题。

　　摄影构图过程中，重要的一点是要有"画面感"，这和书法中的"意在笔先"是一个意思。"画面感"就是摄影者面对实景、对拍摄结果有一个提前预判——眼中始终有一个四条边框构成的"取景器"，快门按下之前，画面已经大致在脑海里形成了。

　　实景和实景照片的区别就是，照片受四条边框的限制，而实景是连续不断的。如何将被摄元素安排在这四条边框之内，是拍摄者审美能力的体现，更是一幅摄影作品的成败关键。

城市电网（翁吉伟 摄）

▶ **背景：** 2011 年 5 月摄于沈阳浑南。密集而坚强的城市电网，为城市送去光明和动力。

▶ **点评：** 拍摄时使用 70—200 毫米 F2.8 镜头，压缩了空间纵深距离。合理布局、大胆留白，使远近铁塔相互呼应、疏密有致。后期制作时将画面处理成高反差黑白效果，线条跳跃，形式美感强。

2.2.2　利用线条引导突出主体

电力题材摄影作品很多都是运用线条来揭示和展现主题的，这和电力生产、电网建设场景的外部特征有关。

线条和影调是构成画面的两大要素，是一幅摄影作品的"骨架"和"肌肉"。线条有着极强的概括力和表现力，是造型艺术的重要语言。人的目光，往往会随着线条的方向延伸，在摄影创作过程中，应充分运用这一特点，达到创作意图。

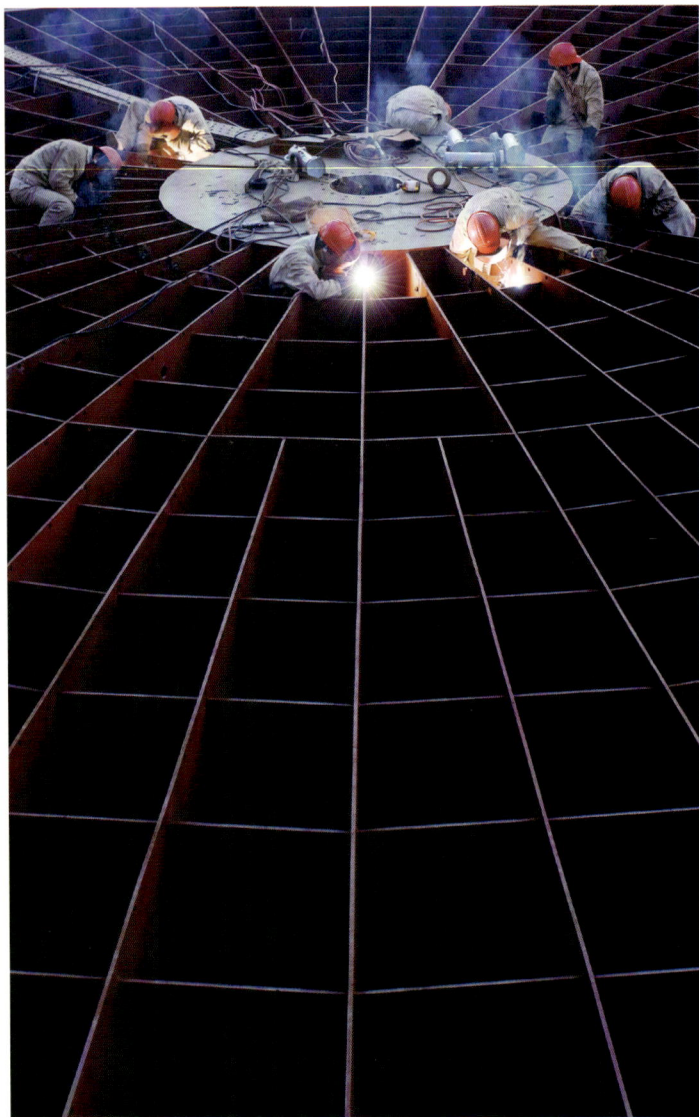

焊接（李强 摄）

▶ **背景：** 2006 年 12 月 17 日，华电邹县电厂四期 2×1000MW 机组工程脱硫设备组装。

▶ **点评：** 画面前景中设备构件形成的放射形线条，自然地将读者视线引导到趣味中心。主体人物正在紧张地进行焊接作业，加上线条交措形成的动感，使画面主体突出，形象生动，现场气氛浓烈，形式美感强。

画面中的所有元素最终都可以被看成是点、线、面，三者的综合运用能够体现摄影者对画面的控制能力。其中，"线"在电力题材摄影中有着极其重要的作用。

重器——电厂印象（翁吉伟摄）

▶ **背景：** 2015 年 10 月，山东潍坊国华寿光电厂建设工地。

▶ **点评：** 作者在火力发电厂建设现场采访时，选取了一个极不寻常的拍摄角度，大胆运用粗线条，对角线式布局有意营造一个倾斜、沉重、不稳定的视觉效果，巧妙的是，作者在构图过程中通过位移调整，将下部画面穹顶刚好和上面的斜线相交，起到了支撑、对应、平衡的作用。整个画面分为上下两大几何板块，曲直相交，刚柔并济，展现出"大国重器"的震撼画面。

线可分为直线、曲线和自由曲线三大类。在摄影构图中,"线"在视觉中起着划定边际、分割画面、制造面积、强调造型、展现力度、产生节奏等作用。在电力题材摄影中,应根据被摄对象的形状和特点,灵活运用线条,以达到突出主题的作用。

具有汇聚线的画面空间感强,透视效果更加强烈。在摄影主题表达中,汇聚的线条不但引导视线,增添画面的力度美,更能呈现出作品丰富的意象美,进而表达作者的创作思想。

利用线条引导突出主体,应考虑镜头的合理运用。超广角镜头焦距短、视角大、景深长,空间纵深感强,是展现线条汇聚的首选镜头。

2.2.3 利用画面焦点突出主体

这里所说的焦点有两重含义:一是物理学的焦点,即平行光线经透镜折射或曲面镜反射后的会聚点;二是视觉焦点,比喻事物的关键所在,或人们的视觉关注点。

理论上讲,一个画面,物理焦点只有一个。一张风景照片,不能因为近景和远景看上去都十分清晰,就断定其有若干个焦点。实际情况是,摄影者拍摄时会将焦点对到风景上某个"关键点",通过缩小光圈,最终达到景深控制的目的。明白了这个道理,在拍摄电力题材作品时,就可以利用不同焦距的镜头和镜头光圈的选择有效控制景深,再通过对焦点的选择,达到突出重点的目的。

拍摄人物时,应遵循以下原则:拍摄面部特写,以眼睛为焦点;拍摄全身像,以脸部为焦点;拍摄人物与环境的照片,以人物为焦点;拍摄群体人像,以关键人物为焦点。

高温抢修（张家广 摄）

▶ **背景：** 2013 年 8 月 27 日，湖北省广水市供电公司光满共产党员服务队加紧对长青 1 号台区农排线路进行改造，解决当地农户抽水动力不足的问题。当年广水市遭遇严重旱情，该公司迅速行动，对抗旱用电设施进行线路改造，有力保障农业生产用电。

▶ **点评：** 这张照片使用广角镜头靠近主体人物拍摄，既突出了主体又清晰交代出了整体作业环境，扩大了画面的视觉信息量。

南漳供电助力"乡村旅游"（张家广 摄）

▶ **背景：** 随着"乡村旅游"旺季的来临，为确保漫云村的电力安全可靠供应，2016年7月28日,湖北南漳县供电公司党员服务队冒着近40℃的高温，为漫云村检查专用线路，指导村民安全用电，服务漫云村"乡村旅游"经济发展。

▶ **点评：** 这张照片表现了供电员工克服困难服务农村用电的主题。使用长焦距镜头拍摄，焦点锁定在最前面的人物脸部，加上大光圈的运用，虚化了环境，突出了主体人物。几个人物中只有最前的是清晰的，虚实对比使人物形象更加生动。同样是通过利用焦点来突出主体，与使用广角镜头靠近主体拍摄不同的是，这张照片是通过长焦距镜头的透视效果减去其他元素，只保留主体等必要元素来突出主体。

2.2.4 利用肢体活动突出主体人物

人是摄影作品中最重要的主体，画面中的人物肢体活动则能够构成摄影语言的情节，使得人物形象生动，增强影像的叙事性和表现力。

拍摄作业环境下的人物时，应注意以下几点：

（1）电力题材摄影中，拍摄作业环境下的人物居多，人的肢体动作以人双手臂最显著，它不但能表现人物形象的瞬间动态，其指向还能成为无形的线条，起到与其他重要元素联系的引导作用。

高山上的"舞者"（翁吉伟摄）

> ▶ **背景：** 1994 年 5 月 4 日，一场龙卷风席卷辽宁朝阳地区，造成朝阳境内 500kV 元锦辽海输电线路数基铁塔倒塔。灾情发生后，原东北电业管理局送变电工程公司抢修人员连夜奔赴事故现场进行抢修作业。

> ▶ **点评：** 画面中七八名送电工人一字排开，合力拉放线绳索，其中一名工人张开臂膀，紧握缠绕在肩上的缆绳，双脚蹬地，身体倾斜，仿佛高山上的"舞者"。地面上的金属导线是重要的构成元素，它决定了作品题材的电力属性。画面中心的"舞者"不但是视觉中心，更让这幅作品有了"魂"，其舒展悦动的身姿，恰好是讴歌劳动者乐观精神的视觉语言。

山里来了架线人（翁吉伟摄）

▶ **背景：** 摄于辽宁西部山区。送电工人现场架线，吸引了山里放羊的老人和孩子们，他们从远处赶来，看着陌生的场景，想象着偏远山区明天的变化。

▶ **点评：** 作品没有直接表现送电工人登高作业，而是运用借喻手法，发挥想象力间接突出主题。地面上的金属导线是起决定性作用的视觉元素。顺着少年手指的方向，几个人的目光共同投向远方——那里一定有送电工人在作业；而拿着羊鞭的孩子，视线却向上——那里一定有送电工人在高空作业。这样的表现手法，将送电工人山区作业之艰辛表现得含蓄而又深邃。就像"深山藏古寺"命题作画，高明的人不是去画深山古寺的外貌特征，而是画一个和尚在山泉旁弯腰取水，让人去联想寺的存在。这种意境的表达，谁的耳边不会想起古刹钟声？

升（翁吉伟 摄）

▶ **背景：** 摄于华能大连电厂，工人们正在进行检修作业。

▶ **点评：** 画面构成元素简单，布局合理，大胆留白，将人物置于画面左下角的位置，并通过直线、斜线及吊钩的合理运用，使画面在张力作用下达到平衡。手执钢索向上眺望的工人肢体语言清晰简洁，在画面中起到了画龙点睛的作用。

（2）要处理好主体与背景的关系，尽量将人物从画面中"突出"出来，电线杆、树枝不要在人物的头顶上出现，地平线、河边这样的水平线不要穿过人物的头部……

（3）要注意画面主体人物的"边缘控制"，尽量将人物从画面中"突出"出来。边缘控制的重点是人物的"内边缘"控制，就是说在构图过程中，让主体人物处于一个非常清晰的位置，人的头部、双手，一定要处于干净的背景之下，避免无关元素的干扰和叠加。

汽轮机转子吊装（翁吉伟 摄）

▶**背景：** 2004 年摄于辽宁发电厂老机组替代改造工程（辽宁东方发电有限公司）转子吊装现场。

▶**点评：** 对称式构图。拍摄时把握了主体人物手势的最佳瞬间，使主体人物从复杂的现场环境中脱颖而出。主体人物的内边缘控制较好。

3 怎样的新闻照片才算是一张好照片？

在日常的编辑工作中，常常听到编辑抱怨好照片太少了。是的，让人眼前一亮、信息量大、形象价值高、有情感力量的新闻照片确实不多见。特别是电力题材的新闻照片，受行业性质和特点的限制，不像社会新闻照片那样题材丰富，往往主题雷同、画面重复、缺少特点。

那么，到底怎样的新闻照片才算是好照片？好的电力新闻照片的判断标准是什么？如何拍出好的电力新闻照片？我们就几个基本要点进行分析。

3.1 新闻照片是一个小众的概念

实际上，在类别、形式繁多的摄影图片中，新闻照片是一个小众化的类别，具有严格的特定含义。

3.1.1 什么是新闻照片

在谈什么是好新闻照片之前，首先要弄清楚什么是新闻照片。新闻照片是对正在发生和新近发生的具有新闻价值和形象价值的事实进行报道，使用摄影手段拍摄的图片。在新闻照片的定义中，需要明确以下要点：

（1）它是使用摄影手段拍摄的照片或视频截图，不是绘画，也不是视频影像；

（2）新闻照片必须具备很强的时效性，必须是真实发生的事实；

（3）必须具有新闻价值和形象价值；

（4）必须用于新闻报道，在传播过程中必须具备完整的五个新闻要素（5个W）：什么时间（when）、什么地点(where)、什么事件(what)、什么人物(who)、什么原因（why）。

这些要点哪怕缺少一个，就不是新闻照片。

构成新闻照片新闻价值的要素：

（1）新闻照片的真实性和时效性；

（2）新闻事件的社会意义的重要程度；

（3）新闻事件发生地点和利益关系与受众的接近程度；

（4）画面形象的显著性以及是否具有人情味和趣味性。

构成新闻照片形象价值的要素：

形象价值体现在新闻照片视觉形象对受众所构成的视觉冲击力和感染力的程度，其要素包括：

（1）动态瞬间的选择和把握；

（2）结构画面的方式；

（3）表现方法（如用光、角度、色彩等）。

用于传播的新闻照片的第一要求是具备新闻真实性，这也是媒体发布新闻照片的第一原则。真实性是新闻照片的生命。摆拍、补拍，尤其是后期 PS，都使照片掺杂了虚假成分而背离了新闻摄影的原则。

为维护新闻纪实类照片的真实性原则，中国摄影家协会和中国新闻摄影学会于 2013 年 5 月联合制定了关于新闻纪实照片后期软件处理的准则规范。

（1）使用图像软件处理照片，不允许对原始图像做影响照片真实属性的调整和润饰。

（2）不允许对画面构成元素进行添加、移动、去除（去除图像传感器及镜头污点除外）。

（3）允许剪裁画面和调整水平线，但不允许因此导致图像对客观事实的曲解。

（4）允许对整体影调及局部影调进行适度调整，但不允许破坏原始影像的基调与氛围。

（5）允许对整个画面的色相、明度、饱和度及色彩平衡进行适度调整，但不允许破坏原始影像的基本色调。

（6）不允许使用照相机内置的效果滤镜程序功能。

（7）原则上不允许多次曝光拍摄，特殊情况下使用多次曝光的，应注明"多次曝光照片"。

（8）允许将彩色照片整体转化成黑白或单色，不允许做局部黑白或单色调整。

（9）不允许对照片画面进行拉伸、压缩、翻转。

（10）胶片照片转化为数字照片，需保留原底片以作为该影像真实性的最终证据。

（11）视频截图作品视为摄影作品，需保留原始视频以作为该影像真实性的最终证据。

（12）必须保留数字影像的原始文件，以作为该影像真实性的最终证据。

青藏联网工程重视生态环境保护（祁正吉 摄）

▶ **背景：** 2011 年 6 月 4 日，一名工人在青藏高原可可西里自然保护区铁塔下面播种草籽。当天，青藏联网工程举行草籽播种观摩会，学习推广植被恢复经验。青藏联网工程格尔木至拉萨直流线路建设中，环保投资达 3.4 亿元，占工程总投资的 5.6%，用于野生动物保护、植被保护、冻土保护和湿地保护等六个方面，切实保护沿线脆弱的生态环境，建设绿色环保工程。

▶ **点评：** 蓝天、白云、若隐若现的雪山、崭新的铁塔、正在耕耘的工人的肢体形成一个"人"字……这些视觉元素构成的摄影语言清楚地交代出新闻事实的主题和环境。通过照片的文字说明，我们了解到这是世界上海拔最高的电网工程和重要的环境保护工程，新闻价值显著，形象价值很高。人物的肢体活动构成摄影语言的情节，使看似平淡的画面有了很强的叙事性。

汶川地震受灾群众在临时安置点观看北京奥运会开幕式（丁勇 摄）

▶ **背景：** 2008 年 8 月 8 日，四川汶川地震受灾群众在临时安置点观看北京奥运会开幕式。

▶ **点评：** 每张新闻照片都是在讲述一个新闻故事，摄影记者是用摄影语言给读者讲述新闻故事。视觉形象有其自身的语言语法和修辞方式，比如构图、光线、色彩、线条和透视等。需要强调的是，新闻照片瞬间的把握是讲好故事最重要的因素之一。

这张新闻照片是作者参加汶川地震受灾民众临时安置点保电工作时拍摄的。天色渐暗，夜幕笼罩着安置点的临时板房。与之形成强烈对比的是观看北京奥运会开幕式的人们的热情。他们兴高采烈，挥舞着红旗欢呼着。如果不是画面背景的板房在提醒读者，很难想象他们刚刚经历过生命财产的损失。视觉形象强烈的感染力让读者置身其中，感人至深。作者以此作为切入点，为我们讲述了汶川地震中一个凄楚而又暖心的故事，反映出大灾面前人们积极克服困难、重建家园的精神面貌。

3.1.2　媒体发表的照片都是新闻照片吗？

　　并不是发表在媒体上的所有照片都是新闻图片。例如，同样用摄影图片的形式阐述某种思想、主张、观点以及争取特定对象达到既定目的，或者用摄影图片的形式凭借事实传播一定的思想与口号，用以激发受众采取行动，这样的照片就是宣传照片。除此以外，还有配文照片、装饰照片、创意照片等。

华能风电人（李冠廷 摄）

▶ **背景：** 2012 年 6 月摄于华能新能源公司阜新风电场主控室。

▶ **点评：** 这张照片是使用两个素材图像合成的，结构紧凑，信息传递充分，主题突出。但是这张照片不符合新闻照片的定义，不是新闻照片，而是一张很好的企业形象宣传照片。

绿色星球（田广 摄）

▶ **背景：** 2012 年 6 月摄于华能新能源公司阜新风电场。

▶ **点评：** 这张照片是使用多个素材图像通过电脑合成的，形式新颖，空间感很强，是一张形式感很强的创意照片。

与日同辉（周元林 摄）

▶ **背景：** 2006 年 11 月 15 日摄于陕西。

▶ **点评：** 清晨偏暖的色调，长焦距镜头压缩了电网和太阳之间的空间，后期处理夸张地表现了太阳，营造出很好的意境。
画面中央的太阳如燃烧在静谧之中的激情，升腾着希望，是一张寓意深刻的电网宣传照片。

3.1.3　电力新闻摄影的特点和难点

　　新闻摄影是指对正在发生和新近发生的具有新闻价值和形象价值的事实进行瞬间形象摄取并结合文字进行报道的方式。那么，电力新闻摄影则应该是对正在发生和新近发生的关于电力的具有新闻价值和形象价值的事实进行瞬间形象摄取并结合文字进行报道的方式。

　　电力行业的新闻摄影工作者拍摄了大量反映电力工业改革发展的优秀作品。但是，目前电力行业的新闻照片存在着许多问题，主题雷同的多，题材新颖的少；画面重复的多，富有特点的少；摄取事件表面的多，反映事件本质的少；人为摆拍的多，现场抓拍的少。受行业性质的限制，新闻照片的表现手法陈旧：开会的多，变压器、电线杆多。许多照片不注重摄影语言的使用，缺少新的视觉表现，没有起到文字所不能替代的作用，只是在图解文字，成为版面填充物或装饰品。

　　电力行业新闻摄影相对于社会新闻摄影有其特殊性。电力行业新闻摄影受行业性质决定，报道范围相比社会新闻受到很多局限，题材相对集中，容易程式化，一些题材适合视觉表现的要素少，图片表现效果差。这是电力行业新闻摄影的弱势。但同时电力行业新闻摄影也具有自己的优势。面对电力行业内容，行业内摄影师往往司空见惯甚至视而不见，而行业外的同行却缺少深入了解和观察的条件。所以行业内摄影师应当发挥优势，扬长避短，把行业新闻做深做精。作为电力行业的摄影记者，要身在行业，放眼社会，用更高的视野去关注和挖掘行业新闻，同时不断提升影像的表达能力，用照片讲好电力行业改革发展的故事。

▶ **背景：** 2011 年 8 月，山西电建四公司第十一届职工消夏活动中的歌咏比赛。

▶ **点评：** 企业职工歌咏比赛，这类照片我们并不少见。但是像这张照片这样人物形神兼备，现场气氛强烈的照片却并不多见。善于观察，抓住细节，小题材也能出"大片"。在对新闻摄影的关注中，人们往往更多地倾向于重大的突发事件，即那些能够引起轰动效应并被广泛关注的事件。这类事件也是各媒体和摄影记者竞争新闻资源的重要"战场"。但是，重大突发新闻并不是每天都会发生的，倒是人们的日常生活常常成为摄影记者采访的对象。所以，在拍摄这类题材时如何更加到位地进行视觉表达，则成为我们研究的课题。

电建职工歌声嘹亮（冯连生 摄）

恢复送电的一瞬间，张老板别提多高兴了（杨峻峰 摄）

▶ **背景：** 2011 年 8 月 31 日，江苏泰州兴化市一家烧饼店用电线路发生故障导致断电，兴化供电公司接报后立即派人前往检修。恢复供电后，烧饼店张老板竖起大拇指夸赞供电员工抢修迅速。

▶ **点评：** 在日常新闻摄影中，如何利用现场现有的空间和条件去选择自己的表达方法？这首先取决于摄影记者对现场的观察和思考，取决于摄影记者对新闻的认识。这一切都决定着摄影记者在定格画面时所选择的视觉要素。内容有了，用什么样的形式呈现？在这张照片中，作者对前景运用恰当，人物的肢体语言表达出人情味和趣味性，这种人情味和趣味性所强调出的情趣点，成为摄影记者表达主题的最佳瞬间。

青藏联网工程格尔木换流站加紧施工（王飞 摄）

▶**背景：** 2011 年 7 月 23 日，青藏 ±400kV 格尔木换流站工程施工现场，施工人员顶着烈日进行 GIS 设备安装。

▶**点评：** 这张新闻照片乍看仅仅是一个很普通的电网施工的现场画面，但仔细观察画面中的主体人物，会发现正在作业的女工浑身上下遮挡得严严实实，只有进行接线的手是裸露的。这种视觉形象的显著性和趣味性吸引读者去仔细探寻，原来施工人员如此严实的遮挡是为了防止高原强烈的紫外线照射。视觉语言交代出了工程所处的特定的艰苦环境。新闻照片是通过形象传递信息的，当这个形象与众不同时，就形成了视觉形象的显著性和趣味性，使主体形象得以突出，增强了照片的表现力。

3.2 好的电力新闻照片的判断标准

在电力行业新闻摄影领域，除了遵循新闻摄影的原则和要求，还要求拍摄者了解和掌握电力行业的专业知识和政策法规，运用具有行业特色的摄影语言来增强影像表达能力，传递权威、准确的行业信息。

下面我们从几个具体方面讨论好的电力新闻照片的判断标准。

3.2.1 鲜明的新闻性与强烈的现场感

新闻性指照片所反映的新闻事件或新闻故事具有较高的新闻价值，现场感主要指摄取的内容应是新闻事件或新闻故事在运动、变化和发展过程中具有典型意义的瞬间。一幅好的新闻图片要以鲜明的新闻性和强烈的现场感等视觉语言打动读者。如果说真实性是新闻摄影的生命，那么现场感就是新闻摄影的灵魂。拍摄电力题材新闻照片要注重电力要素的解读，拍出具有鲜明新闻性和强烈现场感的行业新闻照片。

2009 年 4 月 14 日，陈甫 220kV 数字化变电站二次设备调试（吴宣述 摄）

2009 年 8 月 8 日，俯瞰陈甫 220kV 数字化变电站（吴宣述 摄）

国内首座拥有完全自主知识产权的全数字化 220kV 变电站（组图中的 2 幅）

▶**背景：** 2009 年 5 月 27 日，天津地区首座数字化变电站，国内首座拥有完全自主知识产权的全数字化 220kV 变电站——陈甫 220kV 变电站投产运行。该站率先完成了"一次设备数字化，二次装置网络化，数据平台标准化"的蜕变，成为目前国内数字化应用率最高的 220kV 变电站。

▶**点评：** "调试人员在陈甫 220kV 数字化变电站调试二次设备"采用高角度、贴近控制电缆拍摄，体现新型数字化设备控制电缆的高度集约化，减少了有色金属用量。画面透视感强，巧妙地利用线条这一构图元素衬托主题。

"俯瞰陈甫 220kV 数字化变电站"采用航拍技术，体现"十一五"电网建设土地节约型、环境友好型的建设宗旨，记者从 2009 年 4 月进入工地，分别采访了专家和相关技术人员，强调"数字化""网络化""标准化"这一新闻点，拍摄重点放在数字化变电站二次设备与传统变电站二次设备的不同之处。

历时三个多月的采访，以组照的拍摄方式，从基础施工、设备安装、调试投运，全方位报道了国内首座数字化 220kV 变电站在天津投产运行，具有较强的新闻性和现场感。作者注意寻找独特的拍摄角度。重要之处拍细节、宏观之处拍环境，从司空见惯中拍出新意、拍到重点，运用摄影语言讲述天津地区首座数字化变电站建设的故事。

官兵们艰难地将电杆抢运上山（盛良山 摄）

▶ **背景：** 2008 年 2 月 8 日，武警水电二总队官兵在江西抚州参加抗冰抢险。他们艰难地将电杆抢运上山。

▶ **点评：** 2008 年初，我国南方发生冰冻灾害，电网遭受严重覆冰危害。这是武警水电二总队官兵参加抗冰抢险，肩拉人扛抢运电杆上山的情景。雨雪中，官兵们踩着泥浆，喊着号子，齐心协力运送电杆。这张照片画面简洁，元素简单，仅有雨雪、泥浆、电杆和使出全身力气的武警水电官兵。人物的肢体活动和特殊的神态，以及飘落的雨雪，都强烈渲染着画面的紧张气氛，现场感很强。

3.2.2　新闻摄影是表现人的摄影

新闻是以人为报道主体的，照片的新闻性是通过瞬间形象表现出来的，特别是人物的瞬间形象能否打动人心，是区别新闻照片好与不好的关键。

不同的人物有不同的性格，当他们处在不同的环境时，又有不同的心理反应。拍摄人物照片时，要善于观察并抓住这些不同点，因为不同才有新闻特色；因为不同，才有社会价值和历史价值；也只有不同，才更具可读性。

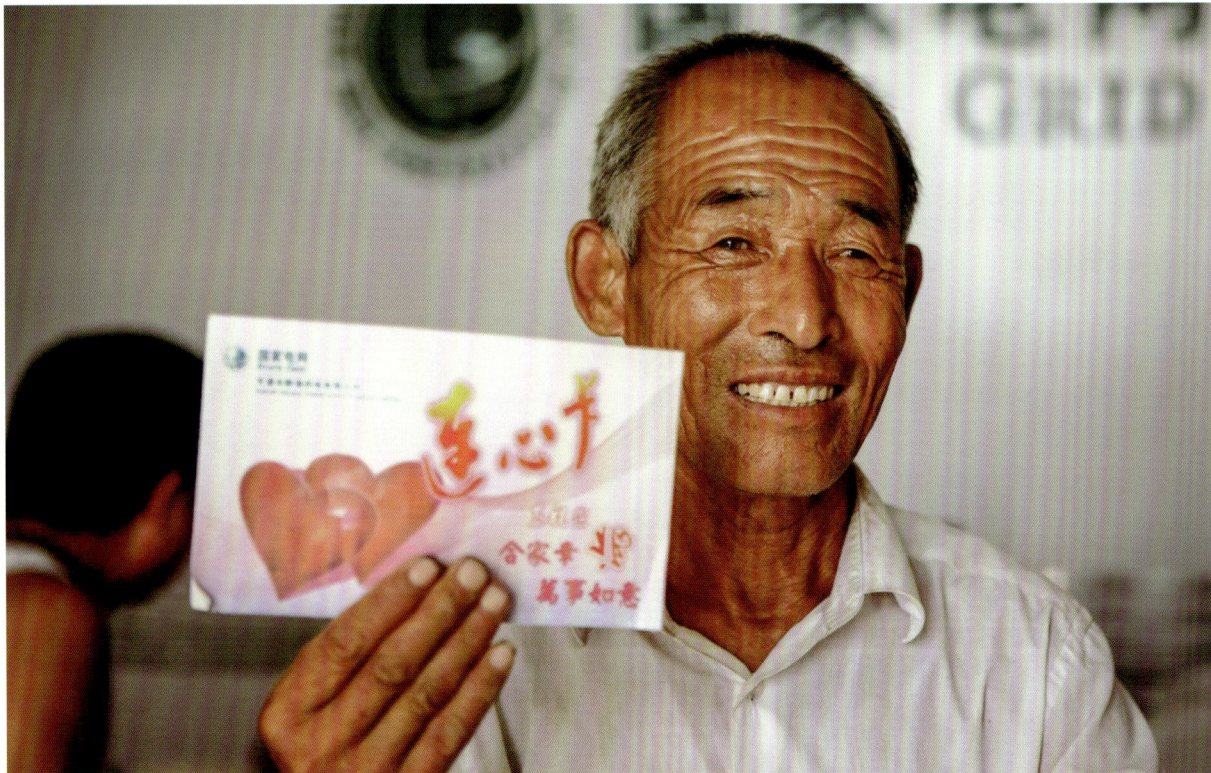

连心卡（吴宣述 摄）

▶ **背景：** 2009 年 8 月 4 日摄于静海县"新农村、新电力、新服务"电气化建设活动现场，手持居民用电连心卡的张大爷会心地笑了。

▶ **点评：** 当年，国家电网公司推出"新农村、新电力、新服务"电气化建设服务新举措，村民享受到与城里人同样的电价、同样的便捷服务，喜悦之情溢于言表。长焦镜头远距离抓拍，主体人物神态自然，毫无做作，现场感强。特写画面将能够反映事件本质特征的元素充满画面，将新闻事件中最有价值的成分视觉化，具有较强的视觉冲击力。

通信运行维护人员穿着厚重的皮叉裤钻进不足两平方米的光缆竖井排查光缆

竖井下作业人员与地面同事传递工器具

通信运行维护人员在更新光缆标签信息

（组图）天津全面核查电网"神经系统"（吴宣述 摄）

▶ **背景：** 2011 年 9 月 8 日，天津电力通信分公司运行维护人员在河东区红星路通信井下作业。国家电网天津市电力公司为加快智能电网发展，保证天津电网安全运行，对天津电网光纤进行安全检查，年底前将完成 901km 的光缆核查任务。

▶ **点评：** 图片报道中，"把脉人"电力通信运维人员成为主角。年轻的大学生穿着厚重的皮叉裤钻进阴暗潮湿的地下竖井，一根一根仔细核查光缆线号标签。照片瞬间把握到位。组图呈现出丰富的情节，新闻信息量大，人物形象生动，真实反映了"把脉"光缆的全过程。

3.2.3 显著性、趣味性、人情味

新闻照片的新闻价值还包含显著性、趣味性和人情味。新闻照片是靠视觉形象语言讲述新闻故事的，故事中与众不同的以及充满感情和趣味色彩的细节会引起普遍关注。从情趣和细节入手去结构画面和表现主题，既是新闻摄影表现的方法之一，也是提高新闻照片可读性的规律。带着这样的意识去拍摄新闻照片，会收到意想不到的效果。

北京市城市照明管理中心对天安门广场、长安街的华灯和主干道路灯进行检修维护（张超 摄）

▶ **背景：** 2016 年 2 月 3 日，春节临近，国网北京市电力公司城市照明管理中心对天安门广场、长安街等重要区域的华灯和主干道路灯进行检修维护。

▶ **点评：** 这张照片为高空俯拍。广角镜头不仅突出了作为主体的正在检修路灯的员工，同时清晰地交代出所处的环境。靓丽的城市夜景与主体人物之间的光比控制恰到好处。作为北京地标的王府井大街所具有的显著性，提升了照片的新闻价值。

蚌埠供电公司青年志愿者结对帮扶送温暖（牛路 摄）

▶ **背景：** 2009 年 11 月 23 日，在安徽省蚌埠市"希望之家"孤儿院，蚌埠供电公司青年志愿者协会开展"爱心送温暖"志愿服务活动，青年志愿者与困难儿童结成帮扶对子，了解他们的学习和生活情况，并开展儿童的心理教育和引导，让他们充分感受到关心和温暖。这是青年志愿者在与孩子们玩"翻绳子"游戏。

▶ **点评：** 这是一张充满人情味的新闻照片。人物的肢体活动充分，神态生动，摄影语言丰富，读者仿佛听到了孩子们的笑声，有较强的趣味性，准确地诠释了电网企业履行社会责任的主题。照片的结构稍显杂乱，但仍不失为一张形象动人，现场气氛强，动感、空间感表现充分的好照片。

3.2.4　主题的切入与角度

受行业性质的限制，从事电力新闻摄影工作时间长了往往会产生视觉疲劳，难以发现新闻点，对一些有报道价值的题材，也难于找到合适的切入点和拍摄角度。

在判断新闻价值的标准方面，摄影记者和文字记者是一致的，但在实现新闻价值的标准上则是截然不同的。摄影记者要寻找那些适于用形象表现的瞬间，要表达出文字所不能描述的摄影语言。所以，摄影记者必须用心观察，从新闻事件的细节甚至边缘着手，发现典型而有新意，并能以点带面，准确反映新闻事件或新闻故事本质的切入点。

新能源汽车服务世博园区（吴宣述 摄）

▶ **背景：** 2010 年 5 月 11 日，上海世博会园区内整洁漂亮的"超级电容客车"、纯电动客车往来于浦东浦西园区接送中外游客。据悉，世博会园区配备了 1000 多块电池箱，完全能够保证车辆的正常更换。上海世博会真正实现了园区汽车零排放。

▶ **点评：** 照片拍摄于第四十一届上海世界博览会。出发前作者特别关注各大媒体的相关报道，一时觉得"城市，让生活更美好"这么大的主题无从下手，于是游走于园区寻找"世博会与电力"的切入点。在搭乘园区电动公交车时与司机的几句聊天让作者茅塞顿开，舒适、安静、零排放，都来自于绿色能源——电。于是作者计划从拍摄电动车充换电作业场景入手，再用相机扫描园区各种电动车。遗憾的是由于没有得到组委会官方许可，公交集团拒绝拍照。作者就在场景选择上动脑子，多跑路。最终选择以中国馆作为背景，采用高低不同机位最大限度地贴近世博会主题，拍摄了一组电动汽车在园区内通勤的场景，诠释了绿色能源与和谐城市这一主题。

抢修工人在施工现场融冰取水解渴（王文 叶义德 刘雪松 摄影报道）

▶ **背景：** 2008年2月17日，安徽省电力公司1000多名员工奋战在三峡电力大动脉——500kV江城直流输电线路广东韶关段重建现场。为尽快恢复三峡电力大动脉加班加点作业。这是工人们在施工现场融冰取水解渴。

▶ **点评：** 2008年冬春之交的那场艰苦卓绝的电力行业抗冰保电战役，至今仍然令人感动。在这场战役中，电力行业的新闻摄影工作者像战士一样不畏艰险，冲锋在前，拍摄了大量震撼人心的现场新闻照片。这张照片没有正面拍摄抗冰战役中电力员工奋力抢修、英勇抗灾的施工场景，而是以工人们在施工现场融冰取水解渴这个富有生活气息的情景作为切入点，以小见大，以点带面地反映出抗冰保电战役的艰苦卓绝和电力员工不畏艰险、乐于奉献的精神风貌。照片中人物的肢体动作到位，烧柴融冰升起的烟和背景中损坏变形的铁塔交代出特定环境，画面瞬间新闻性强，动感、空间感表现充分。

4 / 拍调研

拍摄各级领导的视察、调研以及慰问等活动的照片，是企业摄影工作者的一项重要工作，也是必须过硬的基本功，务必充分重视。

4.1　拍摄之前做足功课

一般情况下，领导的视察、调研以及慰问等活动都会提前一定的时间通知企业，这就为摄影记者的拍摄预留了准备时间。

需要做的准备工作包括了解要来的领导是谁，将要活动的地点及环境、活动程序、停留时间，甚至查看该领导的影像资料，注意领导的神态特点，以便选择更好的拍摄角度和时机。

一定要按照活动程序提前到现场熟悉环境，掌握照明情况和其他与拍摄相关的细节。

如果将要来的是高级领导，还要提前与安保部门联系，落实关于现场拍摄的具体问题。

通过准备，要在拍摄之前对拍什么、怎样拍有一个清晰的预案。

4.2　使用广角镜头靠近拍摄

领导视察、调研以及慰问等活动往往受到现场环境的限制，活动区域狭小甚至拥挤。这时就需要拍摄者尽量靠前，使用广角镜头进行拍摄。24—70毫米的变焦镜头较为合适，远近皆宜，应变程度高。

4.3　用好闪光灯

　　如果现场照明不理想，通过提高感光度也不能满足照度需要而必须使用闪光灯时，应尽量使用反射光，避免闪光直射造成光斑和画面光比过大。当然，在不具备使用反射光的条件下和需要连闪的时候，就不要考虑上述情况，采用闪光灯直射。

　　有经验的摄影师会摸索积累出不同场景的闪光灯数值设定，会根据不同情况采用相应的闪光值，避免光斑和光比过大的问题出现。

时任国家电监会主席王旭东在中电投集团调研（王飞 摄）

▶ **背景：** 2008 年 9 月 17 日，时任国家电监会主席王旭东（左 2）在中电投集团进行调研。

▶ **点评：** 现场人员较多，有些混乱，主要领导处在语言交流状态，主体人物较为突出。为保证人物神态得到较好表现，使用闪光灯进行补光，TTL 输出。

4.4　观察环境，捕捉细节

在拍摄过程中，摄影记者要精神高度集中，保持对周围环境的警觉，观察那些正在发生和可能发生的事情，多看，多拍，保证不漏拍。要注意选择典型的有意义的背景拍摄，同时注意背景应尽量简洁。

要注意捕捉细节，一张照片好与不好，往往体现在对细节的把握上。注意抓取主要领导的典型动作和神态，人物的肢体活动可以构成摄影语言的情节，让画面生动，增强叙事性。当现场有多位领导时，应抓取他们相互交流的瞬间，但必须突出主要领导。

时任国家电监会主席尤权在华能北京热电厂调研（王飞 摄）

▶ **背景：** 2007 年 1 月 31 日，时任国家电监会主席尤权（右）在华能北京热电厂调研。这是在电厂的汽机房拍摄的，因机组噪声较大，陪同调研的电厂领导与尤权主席交谈基本靠喊。

▶ **点评：** 人物佩戴的安全帽和电厂陪同领导（左）所穿工装交代出活动的环境。照片抓取了主要领导到位的肢体动作和神态，与陪同领导交流的细节使形象更加生动。陪同领导的神态略显夸张，似有喧宾夺主之感。抓取瞬间仍有提高空间。

时任国家电监会主席王旭东视察国华北京热电厂（王飞 摄）

▶ **背景：** 2008 年 8 月 22 日，时任国家电监会主席王旭东（中）视察国华北京热电厂。这是王旭东主席在与热电厂领导交谈。

▶ **点评：** 主体人物处于画面中心，与两旁的热电厂陪同领导进行交流，有典型神态，有肢体动作，抓取到位，画面简洁生动。这是标准的领导视察场景记录。背景中的人物略显杂乱，但从另一角度来说，这样的背景能够交代出具体环境，增强现场气氛。拍摄时使用了闪光灯补光。

4.5　准确把握现场领导的职务排序

拍摄前一定要了解清楚，拍摄时要处理好在场领导的职务和排序关系。也就是说，主要领导应占据画面的重要位置或具有最显著的肢体动作。否则即使照片拍得再生动，如果领导的职务排序搞错了，也是废片。

时任国家电监会主席吴新雄在华能北京热电厂视察（王飞 摄）

▶ **背景：** 2012 年 10 月 25 日，时任国家电监会主席吴新雄（前右）一行来到华能北京热电厂视察。这是吴新雄在厂区听取情况介绍。

▶ **点评：** 画面中的背景元素交代出了特定环境，几位领导排序清楚，神态专注。画面稍显杂乱但结构整齐。讲解人的手势将所有人的视线引向画外，令人产生遐想。

5 / 拍会议

5.1 拍好会议照片的诀窍

会议报道是电力新闻报道的重要内容，是企业门户网站等宣传载体的核心内容。会议报道通常以图文的形式出现，既有新闻价值，又有史料价值。

会议摄影是电力新闻摄影工作者必过的一道门槛。拍好会议照片，除了要有过硬的摄影技术，还必须对会议摄影的特点、方法以及一般规律进行研究，并在实践中总结和积累经验。

5.1.1 拍摄前的准备

拍摄前的准备包括思想准备和器材准备。

思想准备。接到会议采访通知后，首先要及时与办会单位（部门）取得联系，了解会议议题、会议时间和地点，主办单位对会议的报道要求以及是否有通稿等。开会当天，应提前到会场熟悉环境。

器材准备。提前准备好自己的摄影包，查验储存卡是否有足够的空间，相机电池是否需要充电，上次拍摄的一些特殊设置是否清除。要养成试拍习惯，通过回放检验相机的基本状态。根据会议类别、规模确定需要携带的器材。

5.1.2 提前进入会场

提前进入会场，是拍好会议照片的前提，也是摄影记者职业素养的体现。经验表明，提前半小时左右进入会场比较合理。

进入会场后，需要做以下几方面工作：

（1）查验器材。对照相机和闪光灯的设置进行确认和调整，特别是曝光模式是否设置成自己熟悉并擅长的档位，测光方式、白平衡、感光度设置是否合理。

（2）第一声快门。第一声快门是响给自己听的。把镜头对准主席台——虽然这时的主席台可能空无一人，但却是会前的一个模拟机会，以发现哪些设置需要立即调整。通过试拍回放，一般都会发现一些问题，主要表现在曝光补偿、白平衡、感光度等方面。这可以从以下 3 个方面做出判断，并调整相关设置。

1）看直方图。直方图是一个非常实用的功能，是检验曝光是否正确的有效工具。会议摄影一个很重要的问题就是曝光准确性问题，利用直方图则可以解决曝光存在的问题。

2）看色彩平衡。通过画面回放，可判断画面是否偏色。会议室的人工光源复杂多样，色温不同，易造成画面偏色，需要通过设定白平衡进行调节。

要真正理解色彩平衡，必须弄清楚两个概念：色温和白平衡。简单理解，色温指的是光波在不同能量下，人眼所感受的颜色变化。白平衡就是照相机对白色物体的色彩还原在不同色温的光源照明下拍摄白色物体，画面都应呈现为白色。

随着数码技术的发展，相机自动白平衡的准确率已经非常高，只要把白平衡设置为"自动"就可以解决绝大多数照明的"色彩还原"问题。但是在一些光源复杂，甚至是人工光源和自然光源混合照明的会场，自动白平衡和手动白平衡都无法对环境色彩进行"纠偏"，这时不妨使用闪光灯，特别是拍摄人物时，使用闪光灯可使肤色正常还原。因为闪光灯的色温为6000k，接近标准色温。

3）看画面清晰度。清晰度是衡量照片价值的基本标准。画面不清晰的原因很多，一般是快门速度过慢造成的。提高快门速度，可通过提高感光度（ISO）来实现。但是提高感光度是有代价的，随着感光度的提高，噪点也会不断增多。一般情况下，建议感光度的设置不要超过3200。

小贴士

安全快门： 是指手持相机拍摄时相对安全的快门速度，也就是指在该快门速度下拍摄的照片基本是清晰的。安全快门的速度通常是所用镜头焦距的倒数，例如，在24毫米焦距段，安全快门是1/25秒，在200毫米焦距段，安全快门是1/200秒。目前，照相机制造技术有了很大提高，很多相机配备了"电子防抖"和"光学防抖"系统。例如，某款70—200毫米镜头标称具有4级防抖功能，这意味着开启防抖功能后，使用1/15秒就能达到1/200秒快门速度的"防抖效果"。

直方图： 直方图为照片的曝光提供了科学准确的分析，读懂直方图，对曝光控制极有帮助。

直方图中的坐标图形就是数码照片的色调曲线，它表示的是构成图像的色调的分布状况。水平轴方向是一个256级灰度标：左端为0、中间为127、右端为255；纵轴方向显示了构成各色调的像素数，线越向上就表示像素信息越多。在画面回放模式下，通过查看直方图，可以理性地判断曝光是否合适，影像的层次是否丰富。

通俗讲，如果直方图中"山峰"图形明显偏左，说明曝光不足，画面表现为偏暗、细节丢失；如果直方图中"山峰"图形明显偏右，说明曝光过度，画面表现为偏亮；如果"山峰"紧靠左端或右端，则提示曝光异常，画面出现了"暗部死黑"或"高光溢出"现象；如果直方图中"山峰"图形居中，则说明曝光正常，画面细节多，层次丰富。

5.2 一个会场，不同景别

实践证明，会场全景照片的使用率最高。这是因为全景照片信息量大，视觉效果好，它将会议规模、主题以及主席台与参会人员的状态用一张图片呈现出来。但进行会议摄影报道，必须兼顾各种景别，以满足不同需要。

5.2.1 合理运用景别

景别指镜头所涵盖的区域范围，或者说被摄对象在镜头中的相对大小，是摄影的重要表现手段。景别可分为五种，由远至近分别为远景、全景、中景、近景、特写。景别越大，环境因素越多；景别越小，强调因素越多。

远景：交代被摄体所处环境，或对主题有介绍性的照片，通常是从广角或高角度观察的全景镜头。

全景：人体的全部和周围背景，如会场主席台。

中景：人体膝部以上，表现人物之间的相互关系，如握手、交谈。

近景：人体胸部以上，突出人的形象及表情，如领导讲话。

特写：人体肩部以上，多以人物肖像为主，最大特点是能够清晰地反映事物，如人的面部，奖杯、奖牌等。

2009 电机工程国际会议（翁吉伟 摄）

▶ **背景:** 2009 年 7 月，2009 电机工程国际会议在沈阳举行，300 多名国际电力专家参加会议。

▶ **点评:** 这是一张现场光线下俯拍的会场远景照片。拍摄时，作者将相机架在二楼电影放映窗口，居高临下进行拍摄，较小的光圈确保了较大的景深范围，使画面获得较强的纵深感。相机与主席台呈 90° 角，对称构图，会议规模、会场情况一目了然。14—24 毫米镜头，自动白平衡，ISO100，光圈 F8，速度自动，使用了三脚架。

一个大型会议议程中，有领导讲话、协议签署、代表发言、颁奖仪式、获奖者合影、分组讨论等许多环节，这就要求合理利用镜头景别变化，将远景、全景、中景、近景、特写等不同景别拍摄下来，强化会议摄影的视觉表现。

合理运用景别的同时，还必须注意拍摄的角度。同一场景，不同的拍摄角度有着不同的视觉效果，气氛表达完全不同。

个别情况可以运用 0° 角拍摄，即侧面拍摄，例如空间较大的会场远景以及主席台领导颁发奖状、奖牌等场面。

2009 电机工程国际会议（翁吉伟 摄）

▶ **背景：** 2009 年 7 月，2009 电机工程国际会议在沈阳举行。

▶ **点评：** 超广角镜头 0° 角远景拍摄，较宽的视角使主席台背景信息、主席台人物以及与会代表都有较好的呈现。会场灯光色温较低，虽然相机设置了自动白平衡，但画面依然偏暖。14—24 毫米镜头，ISO640，光圈 F8，速度自动。

5.2.2 哪种景别需要使用闪光灯

会议摄影应养成良好习惯，闪光灯始终放置在相机的热靴上。

会场的远景和全景完全不需要使用闪光灯。这是因为闪光不能覆盖较大的会场，从而出现近处和中心较亮，远处和边缘较暗的失误。

近景和中景是最常使用闪光灯的两个景别，主要以拍摄人物活动为主，具体表现为握手、交谈、讲话、颁奖等场面，特点是静中有动，动静结合。

媒体记者采访全国政协委员、经济学家贾康（王飞 摄）

▶ **背景：** 2016 年 3 月 7 日，全国政协十二届四次会议经济界别小组讨论会上，媒体记者采访全国政协委员、经济学家贾康。

▶ **点评：** 小组讨论会刚刚结束，几位记者围住全国政协委员、经济学家贾康进行采访。贾康认真地回答记者的提问，神态自然，与记者们形成良好互动。因会议室照度较低，主体人物讲话时不断有肢体活动，为了确保人物成像清晰，表情生动，故使用闪光灯进行拍摄。为了压缩景深，突出主体人物，使用 70—200 毫米镜头的长焦端拍摄。

5.2.3　闪光灯不是万能的

使用闪光灯拍摄会议有三个优点：一是可以"凝固画面"，二是色彩还原较好，三是可作补光以降低光比。但也存在不少缺点，以下几种情况应慎重使用闪光灯：

（1）近景拍摄领导讲话。这种情况下应慎重使用闪光灯，可使用 70—200 毫米镜头在相对较远的位置拍摄，用大光圈、高感光度提高快门速度。如果现场光线过暗，可以考虑使用闪光灯拍摄，TTL 模式下，配合大光圈和高感光度，确保"输出亮度"适当降低，形成"弱闪补光"的柔和效果。

2015 年 3 月 7 日，时任环境保护部部长陈吉宁就"全面加强环境保护"的相关问题答中外记者问（王飞 摄）

▶ **背景：** 2015 年 3 月 7 日下午，十二届全国人大三次会议新闻中心在梅地亚中心多功能厅举行记者会，邀请环境保护部部长陈吉宁就"全面加强环境保护"的相关问题回答了中外记者的提问。

▶ **点评：** 这张照片是一张"标准"的领导讲话特写照片，体现出作者深厚的会议摄影功底。人物神态轻松自然，眼神、嘴型、手势到位。作者放弃闪光灯，将感光度调整到 ISO3200、自动白平衡，使用 400 毫米镜头，在 F5.6 光圈下，速度自动升到 1/160 秒，确保画面清晰。在当时现场环境下，不使用闪光灯对被摄者的干扰小，连拍速度不受闪光灯回电影响，眼镜不会出现反光。

领导讲话是会议摄影的重要环节。摄影记者要提前调整好相机参数，并对是否使用闪光灯做出判断。拍摄时既要考虑人物神态，又要考虑背景因素，还要巧妙地避开麦克风、矿泉水瓶等物品。

　　（2）拍摄有液晶、等离子屏幕作背景的主席台。很多会议室的主席台背后是大型液晶、等离子屏幕，用闪光灯拍摄，会形成一个强烈的反光，不但使屏幕上的内容看不清，还会在画面上出现一个面积不小的高光点。解决办法有两个：一是避免正面拍摄；二是关闭闪光灯，利用现场光拍摄。

　　（3）拍摄投影幕布。投影仪显示图像的原理是先将光线照射到图像显示元件上产生影像，然后再通过镜头进行投影。也就是说，屏幕上的影像，是通过反射光线得到的，闪光灯会把屏幕照得一片白，什么也拍不到。如果想把屏幕上的内容拍下来，只能利用自然光拍摄。

2009 电机工程国际会议（翁吉伟 摄）

▶ **背景：** 2009 年 7 月，在 2009 电机工程国际会议上，一名外国专家在演讲。

▶ **点评：** 这是略有难度的拍摄。从画面分析，作者的拍摄意图很明显，既要拍摄专家交流的场面，又要把投影幕布的内容显现出来。作者使用广角镜头、自然光拍摄，不使用闪光灯避免了幕布一片白的现象，同时启动 HDR"高动态范围"功能缩小光比，使画面高光不过曝，暗部有细节，取得了较好的画面效果。

5.3　在静态中抓取动态

　　"决定性瞬间"理论，同样适用于会议摄影。如果说"决定性瞬间"让瞬间成为永恒，那么"预见性"则是抓住"决定性瞬间"的先决条件。

5.3.1　观察力决定预见性

　　在会议拍摄中，预见性是指摄影记者通过观察对会议进展、人物活动做出提前预判，并将特定的瞬间在短暂的几分之一秒中以具体的形式表达出来。

2008 年 5 月 19 日，国新办新闻发布会（王飞 摄）

▶ **背景：** 2008 年 5 月 19 日，国新办新闻发布会会场。

▶ **点评：** 这是一幅现场感非常强的新闻图片。作者瞬间把握到位，真实记录了答记者问的现场情形。拍摄时站在两台摄像机中间的位置，巧妙地将两台摄像机作为前景，顺着摄像机镜头的方向，视线自然聚焦在新闻发言人身上。记者们手臂高高举起，主持人的手势则与记者们形成呼应。画面简洁生动。

5.3.2　会议也需要抓拍

　　与难度较大的街头抓拍相比，会议抓拍在于难出新意。各类会议场面大同小异，程序万变不离其宗，很难创新，这就更加考验拍摄者的功底。

十二届全国人大三次会议新闻中心举行记者会（王飞 摄）

▶ **背景：** 2015 年 3 月 7 日，十二届全国人大三次会议新闻中心在梅地亚中心举行记者会。会上，媒体记者们高举手臂，争取提问机会。

▶ **点评：** 在会议中进行抓拍受到会场环境和会议内容的限制。摄影记者在技术上要有把握现场复杂光线的能力，内容上要能在程序化的议程中抓取能够反映会议主题的形象瞬间。这张照片抓住了记者会上记者们争先恐后举手申请提问的瞬间，形象生动，现场感强，准确地表达了主题。使用 70—200 毫米镜头拍摄，较短的景深形成虚实对比，突出了记者举起的手，这一重要细节。使用现场自然光拍摄。

中电投东北电力有限公司揭牌仪式（翁吉伟 摄）

▶ **背景：** 2008 年 5 月 26 日，中电投东北电力有限公司揭牌仪式在沈阳举行。

▶ **点评：** 揭牌场面稍纵即逝，应根据现场光线情况，提前做好拍摄准备，特别是多人共同揭牌时，应注意避免人物相互遮挡。如果是金属牌匾，则要特别小心闪光产生的光斑。可放弃使用闪光灯或稍微调整角度避免，90° 角垂直拍摄时最易产生闪光光斑。拍摄时使用 24—70 毫米镜头，自动白平衡，ISO400，开启闪光灯。

2009 电机工程国际会议（翁吉伟 摄）

▶**背景：** 2009 年 7 月，在 2009 电机工程国际会议上，一位专家在演讲。

▶**点评：** 这是一个独特的拍摄角度，颇具新意。作者站在主席台上的讲台背后，在专家回望投影幕布的瞬间按下快门。画面视觉中心的专家成为全场焦点人物，而超广角镜头将会场环境尽收眼底，交代出会议的规模。会议摄影无定式，根据会场情况灵活运用景别和拍摄角度，是一名摄影记者应具备的能力。使用 14—24 毫米镜头，光圈 F7.1，ISO800，自动白平衡，利用现场光抓拍。

5.3.3　器材的选择与设置

　　"工欲善其事，必先利其器。"一部性能良好的相机对于抓取会议精彩瞬间十分重要。虽然不能唯器材论，但性能更加卓越的相机一定会使一名优秀的摄影记者如虎添翼。衡量相机抓拍性能高低，主要看以下几点：一看连拍速度。相机连拍能力越高，抓拍能力就越强。目前高端数码相机连拍速度最快可达每秒 12 ～ 14 张，但在实际拍摄中，每秒 5 ～ 6 张的连拍速度，完全可以胜任一般会议的拍摄。二看高感水准。一部高感性能优越的相机对会议摄影极其重要，它能让快门速度有较大幅度的提升。目前高端数码相机的原生感光度可以达到 ISO102400，这意味着 ISO800~3200 区间拍摄的图片完全能达到"可用"标准，这对会议摄影极为重要。三看聚焦速度。越专业的相机和镜头，聚焦性能越好。中端相机的聚焦性能足以满足一般会议摄影的需求。四看镜头口径。镜头口径越大，通光量越多，快门速度相对就越快，抓拍能力就越强。大口径镜头是专业镜头的重要标志，在弱光下拍摄具有明显优势。如果只允许选择一只镜头拍摄会议，非 24–70 毫米 /F2.8 这样的专业镜头莫属。

作为一名摄影记者，必须熟练掌握相机的基本设置，并根据现场情况随时做出判断和调整。对于相机的使用，重点强调以下几点：

选择适合自己的曝光模式。在曝光模式选择上，有人习惯光圈优先，有的喜欢全自动的智能模式……初学者不妨用速度优先模式抓拍。例如，速度优先模式下，将快门速度设置成 1/125 秒，这时光圈已变为自动，再将感光度设置成自动。由于速度已经达到 1/125 秒，能有效地"凝固画面"。但无论哪种模式，都不建议使用手动曝光模式。因为既然抓拍，就是突出一个"快"，而手动曝光模式下，光圈、速度要根据光线变化随时调整，影响抓拍速度，情急之下反倒容易出现曝光失误。

选择适合自己的测光模式。测光模式主要有点测光、中央重点测光、评价测光等。使用哪种模式，主要看摄影记者的习惯，但前提是必须了解各种测光方式的特性。一些初学者以为点测光最准确，但如果不懂得 18% 反射率的原理，使用点测光反倒会出现严重的曝光误差。会议摄影测光模式的选择，尼康用户使用矩阵测光，佳能用户使用评价测光比较合适。

熟练运用曝光补偿功能。曝光补偿是拍摄中最常用的功能之一，复杂光线下，几乎每个拍摄角度和景别的变化都要考虑是否需要对其进行调整。在光圈优先（A）、速度优先 (S)、程序快门（P）和手动（M）模式下，相机的"自动曝光"是有限的，很容易出现被摄主体"过曝"或"欠曝"。而曝光补偿功能其实就是解决拍摄画面"过亮"或"过暗"的问题。除"智能模式"下该项功能被锁定不能调整外，其他模式下均可按照摄影者的想法，根据液晶屏的画面显示对曝光进行"加""减"补偿。

适当调高感光度。决定曝光值(EV 值)的因素有三个:光圈、速度、感光度。三者之间是此消彼长的关系。例如，光圈优先模式下，光圈设定后，能影响快门速度的只有感光度了，感光度调得越高，快门速度变得越快，速度越快，越有利于抓拍。鉴于目前相机高感普遍较好，无论是速度优先还是光圈优先，都可将感光度设置成自动模式。

虽然拥有性能优良的摄影器材很重要，但起决定作用的不是相机，而是拍摄者。

6 / 拍人物

电力行业的人物摄影，拍摄对象是各类会议上的讲话者，不同环境中领导活动，以及在现场工作的劳动者等。

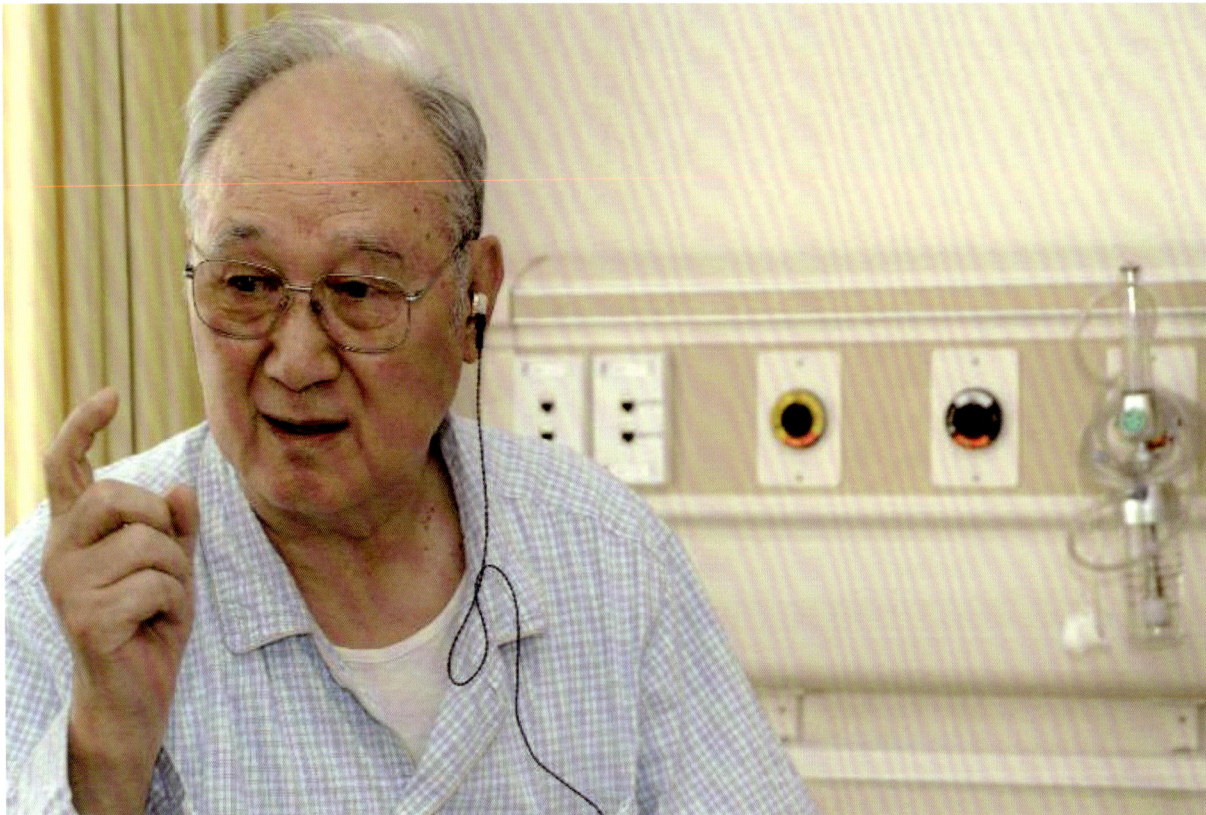

原能源部部长黄毅成（王飞 摄）

▶ **背景：** 2006 年 9 月 20 日，在北京医院病房采访原能源部部长黄毅成。

▶ **点评：** 老部长虽然听力不好，戴着助听器，但从眼睛可以看出老部长的思维非常敏捷。拍摄时使用闪光灯进行反射补光，增强了人物面部细节表现，同时保留了病房的元素，现场感较强。

合作共赢（金宁 摄）

> ▶ **背景**：2016 年 5 月 25 日，大唐集团公司与法国电力公司签署全面战略合作伙伴关系协议。仪式上，法电董事长兼首席执行官乐维发表热情洋溢的讲话。

> ▶ **点评**：拍摄外国人的难度在于语言不通，瞬间把握会有所滞后。为了避免干扰对方讲话，作者使用长焦距镜头在较远距离拍摄。多拍可以扩大挑选余地。

　　一张好的人物照片的瞬间形象可以打动读者。换句话说，人像作品就是传递被摄者与读者之间的情感。如果人像作品没有情感的交流，那就是在拍纪念照。

巾帼风采（金宁 摄）

▶ **背景：** "三八"节快到了，记者采访了一个由女职工组成的煤质检测班。由于她们工作成绩突出，近几年获得了很多荣誉和奖项。

▶ **点评：** 女职工侧脸一笑，向读者传递出她内心的骄傲与喜悦。画面中人物并不居中，但人物的神态好像在向读者讲述班组中发生的故事。画面内容丰富，人物形象生动，室内自然光的运用增强了现场感。

6.1　用一张照片描述一个人物

不要觉得拍摄人物很难，需要做的就是把你认为人物最动人的神态和形态记录下来。

中国报协行业报委员会会长吕华麟在会上发言（王飞 摄）

▶ **背景：** 2013 年 10 月 26 日，中国报协行业报委员会会长吕华麟在中国电力传媒集团专家委员会年会上讲话。

▶ **点评：** 作者使用长焦距镜头捕捉人物神态，专注的神态配合手臂的动作，使人物形象得到生动表现。

6.1.1 提前搞定你的相机

拍摄之前，可以按照以下建议简单地设置你的相机，解决好几个关键步骤，就能应对大部分拍摄场合了。

第一步 掌握相机的曝光模式

首先要了解自动曝光模式与手动曝光模式。要理解光圈、快门的工作原理。

在人像摄影中，并没有硬性规定必须使用光圈优先自动曝光模式或手动曝光模式，因为无论哪种模式都是为拍摄目的服务的。

手动模式适合一些特殊场合，如逆光、弱光等。手动曝光模式常常被认为是一种个性化的选择。而面对光线和场景频繁变换，自动模式显然具有快捷、准确的优势，初学者必须理解和掌握。

第二步 镜头的选择

人像摄影通常以半身或头像为主，如果是全画幅相机，最佳焦距段为 85 ~ 135 毫米。这是我们常用的选择。在实践中，如果拍摄全景人像或是环境人像，则从 85 毫米焦距段向广角 24 毫米焦距段延伸；如果拍摄中近景人像和特写人像，则可以从 85 毫米焦距段向长焦方向延伸，70—200 毫米的变焦镜头是合适的选择。

第三步 闪光灯的补光

很多情况下，闪光灯调整到自动模式基本上就可以拍照了。对于初学者来说，如何合理用好闪光灯，尤其是拍摄人像时要达到最理想的补光效果，还需要大量的实践。手动模式的调整可以获得更加精准的闪光控制，但是需要长期的经验积累。

海外创品牌、印尼树标杆（金宁 摄）

▶ **背景：** 2014 年大年初一清晨，一艘运煤的货船停靠印度尼西亚吉利普多电厂码头。大唐安徽发电公司（承包该电厂 BOT 项目运营维护）派遣到该厂的负责人李怀杰在向记者介绍煤船到港后所要进行的卸煤验收、煤质化验等工作情况。

▶ **点评：** 这是一幅室外弱光拍摄的人物照片。清晨，天色微明。通过人物的动与静、远与近、大与小的透视对比，特别是闪光灯的补光，使主体人物更加突出。画面层次分明，人物形象生动。

百万机组首次体检（金宁 摄）

▷ **背景：** 2012 年 7 月，广东潮州发电公司百万发电机组检修现场。这是该机组投产后的第一次 A 级检修。年轻员
工挑起了大梁，已成为检修队伍的主力军。

▷ **点评：** 检修员工正在进行起吊汽机轮机转子的准备工作，全神贯注地调整设备。人物眼神专注，从手臂活动的力
度，看得出即将起吊的设备属于"重中之重"。作者利用现场光记录下这一瞬间，主体人物"神形"兼备，
表现生动。

6.1.2　观察人的神态和形态

　　一幅感人的人像作品不是色彩和锐度，而是人物所传递的情感。人像作品最难表现的是情感，而眼睛则是传递情感的窗口，目光又是读者注意力的引导线，拍摄者必须在被摄者神态变化中，特别是眼神的微妙变化中去判断并抓住最富有表现力的瞬间。

　　人物的形态在这里主要是指人物的肢体活动。肢体活动交代人物活动的状态，是最生动的摄影语言，能够增强影像的叙事性，使人物形象鲜明生动。

中国水力发电工程学会常务副理事长、秘书长李菊根（王飞 摄）

▶ **背景：** 2011 年 9 月 16 日，中国水力发电工程学会常务副理事长、秘书长李菊根在中国电力报社专家委员会 2011 座谈会上发言。

▶ **点评：** 长焦距镜头的使用压缩了景深，画面简洁。人物的肢体动作与神态相互呼应，瞬间形象抓取到位。

中国工程院院士，动力机械工程专家倪维斗（王飞 摄）

▶ **背景：** 2006 年 9 月 12 日，采访中国工程院院士，动力机械工程专家倪维斗。

▶ **点评：** 这张照片是利用肢体活动表现人物性格的典型作品。倪院士炯炯有神的目光和铿锵有力的双手构成生动的摄影语言，刻画出倪院士鲜明的个性，增强了影像的叙事性。室内光线较暗，使用闪光灯反射拍摄。

业余生活（金宁 摄）

▶ **背景：** 拍摄于 2015 年 10 月。山东寿光电厂是正在兴建的一座百万千瓦级火力发电厂。该厂有很多刚进厂的青年员工，充满激情与活力。图中的小伙儿是一个健身爱好者，除了在健身房练功，有时间就在宿舍练上几把。

▶ **点评：** 这张照片充分利用肢体活动表现人物形象，人物神态和肢体动作到位。作者利用透进室内的自然光拍摄，人物立体感强，形象生动，同时交代出宿舍的环境。

6.2 准确把握现场的复杂光线

拍摄人物的现场多种多样，室外环境中的光线有顺光、侧光、逆光、顶光等，室内环境中的照明光源更加复杂，不同光源的色温不同，照度也比日光低得多，为了保证影像色彩正常还原和拍摄时必需的快门速度，必须掌握室内复杂光线下的拍摄方法。

电力之光耀暖西藏（金宁 摄）

▶ **背景：** 大唐波堆水电站坐落在西藏波密县，是在无电地区投产的援藏水电项目，2014年年底3台机组全部投产发电。为培养藏区电力技术人才，解决当地青年就业，电站招收的运行员工有80%是西藏高等院校毕业生和附近村民。图中的藏族女员工白玛卓嘎就是附近村民。在培训期间，她克服语言障碍，认真钻研技术，达到了中小水电站上岗技术要求。

▶ **点评：** 画面表现的是藏族女员工白玛卓嘎专心工作的情景。作者通过细致观察，抓住了人物专注的眼神。白玛卓嘎对技术的追求与渴望，认真的态度和严谨的工作作风一览无余。拍摄时得用现场光，使用自动白平衡。因人物面部较暗，采用手动控制曝光，以人物面部为测光基准。一般情况下，拍摄室内人物可以使用自动白平衡。

质量树标杆 优化出精品（金宁 摄）

▶ **背景：** 为确保工程质量，大唐观音岩水电公司自工程开工以来就建立了完整的质量管理体系，成立了专业质量督查领导小组。2014 年 12 月，水电站投产在即，安装调试人员在做最后的整体巡检。

▶ **点评：** 作者从设备控制箱后面抓拍到了三个人物的专注表情，从他们的目光中可以读出他们对工作一丝不苟的态度。采用自动白平衡，现场光拍摄。因现场光比较大，采用手动控制曝光，以人物面部为侧光点。

技能赛场展风采（金宁 摄）

▶ **背景：** 2004 年 11 月，中国大唐集团公司在唐山举办集团成立以来首次转动机械技术能手大赛，参赛选手正全神贯注地进行操作。

▶ **点评：** 这张照片是典型的非公式化人像摄影。作者将仪表器件和手部虚化，焦点对准人物的眼睛，运用虚实对比强调透视感，使人物的双眼分外醒目，突出了主题。

小算盘打出"一保一降"（金宁 摄）

▶背景：一把煤就是一把金子，一把煤就是企业的利润。大唐乌沙山电厂所用的煤炭燃料都是海运，该厂员工发扬"小扫帚"精神，每次清扫运煤船舱，都用铁锹和扫帚细细清理船舱，凭着手中的铁锹，一把一把地抠，每船能清出近200吨煤，为企业每年节约成本高达千万元。

▶点评：作者使用广角镜头大光圈，虚化人物面部和背景，使员工手中的煤炭成为画面的视觉中心，空间感表现充分，突出了主题。拍摄角度不落俗套，新闻切入点与众不同。

7 / 拍现场

7.1 电建现场出"大片"

电力基建现场的拍摄包括电源和电网等基建施工现场的拍摄。

当你进入火电基建现场，首先闯入眼帘的是高入云端的烟囱、冷却塔，还有雄伟高大的热力锅炉，所到之处弧光闪烁、马达轰鸣，一派热火朝天的忙碌景象。恢宏的电建现场气息往往令拍摄者兴致勃发，但是拍摄之后却发现满目的新奇及一幕幕壮观的景象并没有表现出来。

电建施工现场的作业存在着不同分工和不同专业交叉作业，设施比较杂乱的现象，成为干扰画面主体表现的不利因素，需要摄影师在繁杂的施工环境中排除干扰，突出主题。

7.1.1 摄影是减法

相对于绘画，摄影是减法，尤其是以交叉施工作业为特点的电力基建摄影，需要把妨碍主体表现的元素隔绝在画面之外。

减法的一个重要原则是简约不简单。干净简洁的画面并不是内涵简单的记录，它需要各种元素之间有逻辑的联系，达到突出主体、传递信息的目的。

宁夏国华宁东电厂二期 2×660MW 超超临界机组工程（李强 摄）

▶ **背景：** 2016 年 9 月 7 日，宁夏国华宁东电厂二期 2×660MW 超超临界机组工程空冷塔浇筑完工后内部施工全面展开。

▶ **点评：** 拍摄时，工人正在进行塔内吊笼高空作业。深邃的冷却塔上端蓝色的苍穹如满月当空，载有建设者的吊笼扶摇直上似奔月一般。由于有好几只吊笼纳入画面，特别是阴影里的吊笼显得喧宾夺主。作者通过了解吊笼上升与下降的时间，抓住时间差，终于拍到吊笼中建设者身影被投进阳光里的瞬间。

另外，拍摄时避开了其他建筑结构和起重设备，让主体更加突出。

21 毫米镜头，光圈 F9，速度 1/500 秒，ISO100

宁夏国华宁东电厂二期 2×660MW 超超临界机组工程 3 号锅炉进入安装高峰期
（李强 摄）

▶ **背景：** 2016 年 9 月，宁夏国华宁东电厂二期 2×660MW 超超临界机组工程
#3 锅炉进入安装高峰期，炉膛内一名工人借助照明进行管道组合。

▶ **点评：** 透过设备缝隙看到这一片鲜艳的拉链葫芦构成壮观的画面，恰好有工人
在理想的位置进行作业，作者通过一个勉强送进相机的孔洞拍下了这幅
照片。为了等待理想的光线和人物的合适位置，作者先后几次到这个作
业点观察和等待最佳拍摄时间。

21 毫米镜头，光圈 F4，速度 1/80 秒，ISO200

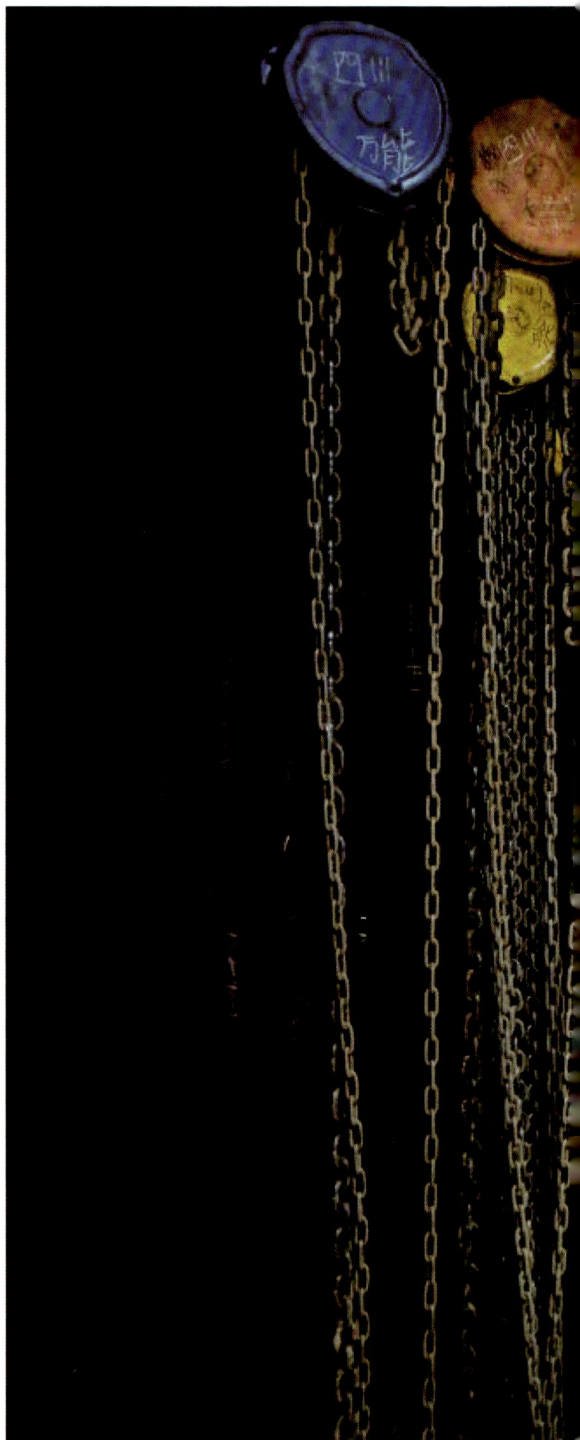

拉西瓦水电站的一条陡峭阶梯（李强 摄）

▶ **背景：** 2008 年 7 月，位于青海黄河干流上的拉西瓦水电站正处于施工高峰阶段，建设者每天要通过一条漫长陡峭的阶梯上下。

▶ **点评：** 7 月的青海高原烈日炎炎，阳光刺眼，举目望去，对面山壁上一条陡峭的栈道贯通上下，十分险峻，这是一条彰显建设者辛勤与无畏的路。经过半个多小时的坚守，终于等到了几名工人从高处下来前往山墅底部的大坝，作者不失时机地拍下了这个画面。坚持等待重要元素进入画面，会有一个令你欣喜的收获。

200 毫米镜头，光圈 F8，速度 1/600 秒，ISO200

7.1.2　想象力提升表现力

常会听到有人对一幅照片这样评价：这是框式构图，那是 S 型构图……其实这样界定一幅作品的构图是不严谨的。构图规则是可以创新的。拍摄者应发挥自己的想象力，在提高影像表现力上下功夫，凡是能够让画面主体突出的技巧和方法都可以尝试。

雪中施工（李强 摄）

▶ **背景：** 2011 年 12 月 16 日，奋战在华电莱州电厂 2×1000MW 超超临界机组工程一线的建设者不畏严寒，为确保工程如期进展加紧施工。

▶ **点评：** 为了表现雪花的效果，作者选择了有较深颜色背景的卸车场景，采用 200 毫米焦距与较慢的快门速度，将比较稀疏的雪花密集地压缩在一起，较慢的快门速度加强了雪花的飘舞动感，提高了照片的表现力。

200 毫米镜头，光圈 F6.7，速度 1/90 秒，ISO100

7.1.3 巧用现场元素构图

当你举起相机拍摄时，首先需要合理地结构画面。为提高画面表现力，应充分利用施工现场的环境元素。无论是哪一类的电建现场，都有各自的特殊元素可以用作有效的摄影语言。

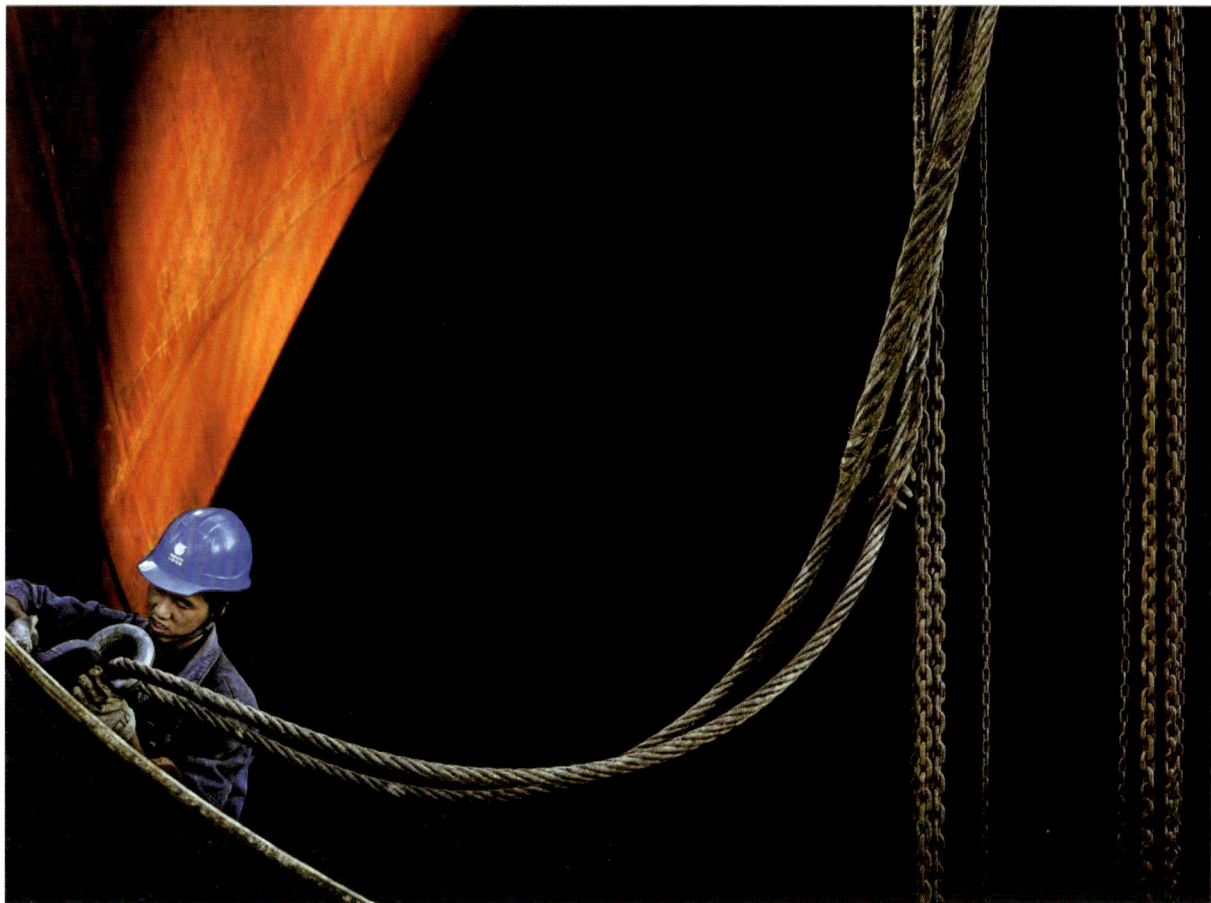

宁夏灵武电厂 2×1000MW 超超临界空冷机组建设（李强 摄）

▶ **背景：** 2010 年 8 月 14 日，宁夏灵武电厂 2×1000MW 超超临界空冷机组建设工地，一名安装工人在进行设备吊装前的准备工作。

▶ **点评：** 当最后一缕阳光即将离开的时候，一名工人还在进行设备吊装准备工作。作者没有从正面去表现人物神态，而是利用释放着工业质感的钢丝绳与拉链以及与之呼应的那一抹阳光，使它们巧妙地汇聚，将读者视线引导到主体身上，人物的形态魅力被有力地衬托出来。

50 毫米镜头，光圈 F5.6，速度 1/125 秒，ISO500

7.1.4 充分利用现场光

基建现场拍摄有许多局限性，光线就是其中之一。例如火电施工中的锅炉炉膛内部结构错综复杂，交叉作业点多面广，封闭后的炉膛几乎隔绝了外部光线，十分昏暗，内部作业基本依靠照明采光，但这种情况也可以营造出特殊的效果，让照片出彩。

闪光灯是辅助照明的有效工具，但是闪光灯的光线会破坏现场气氛，不建议使用。

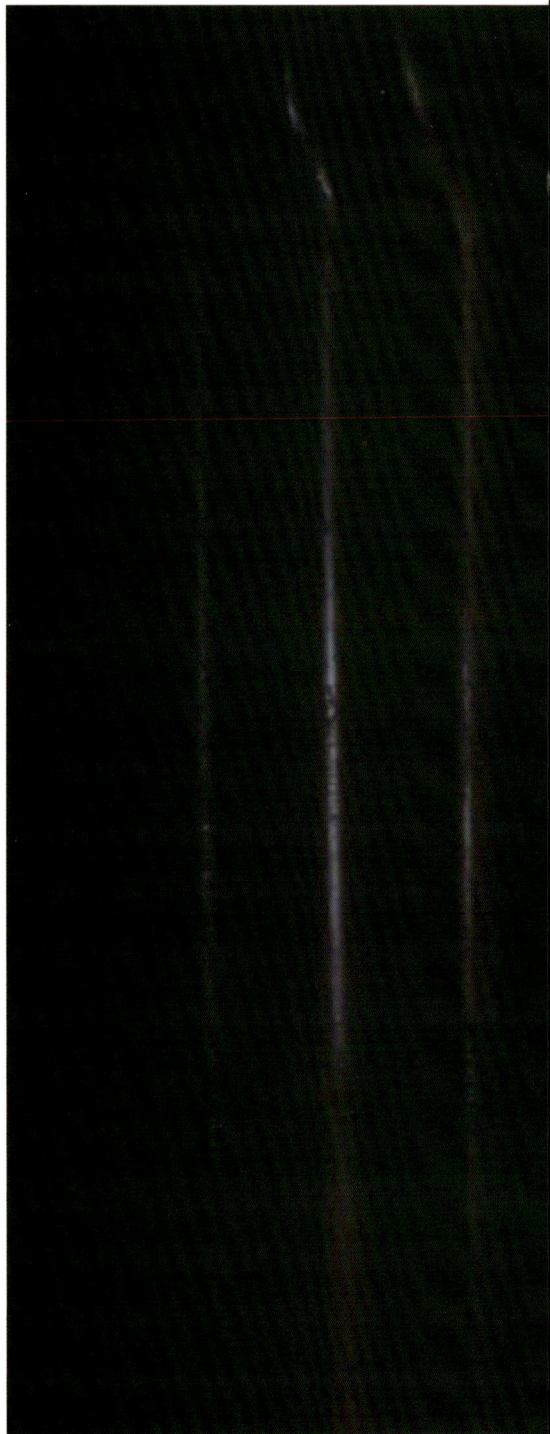

宁夏国华宁东电厂二期 2×660MW 超超临界机组 3 号锅炉施工（李强 摄）

▶ **背景：** 2016 年 9 月 11 日，宁夏国华宁东电厂二期 2×660MW 超超临界机组 #3 锅炉炉膛内，一名安装工人在进行压力管道焊口组合。整台锅炉大大小小焊口总数达 45000 多道。

▶ **点评：** 当作者顺着台阶一层层往炉下走的时候，听到了炉膛内部传来阵阵拉链葫芦倒链的声音，随后找到一个可以入内的人孔门爬进昏暗的炉膛，看到一名工人在拉动钢链进行安装作业，与此不远垂吊着几道闪烁着亮光的拉链，衬托着人物。唯一不足的是光线照射方向不理想，作者调整了照明灯照射方向，充分利用有限的现场照明，得到了这张令人欣喜的照片。

考虑到慢速度利于表现主体动感，作者没有提高感光度。得益于广角镜头对速度包容度大的特性，1/10 秒的慢速度仍然获得了这张清晰的画面。

21 毫米镜头，光圈 F2.8，速度 1/10 秒，ISO250

7.1.5　培养自已的预见性

　　施工现场摄影不仅需要娴熟的摄影技巧，更重要的是熟悉现场和提高自己对某些潜在拍摄素材的挖掘能力。对在何时、哪个工序节点、怎样的光线下会出现什么样的画面有预见性。

华电莱州电厂 2×1000MW 超超临界机组工程（李强 摄）

▶**背景：** 2011 年 9 月 23 日，在华电莱州电厂 2×1000MW 超超临界机组工程现场，一名工人正在焊接化学水处理装置。烟雾与阳光巧妙地营造出一束束光影。

▶**点评：** 进入这个空无一人黑漆漆的水箱时，似乎进入了迷幻的星空。顶部遍布着大小不一的开孔，透着明亮的白光。昏暗的水箱里可以看到许多焊缝还没有完成，一条焊接电缆蜿蜒蛰伏在那里。作者仿佛看到了一名焊接工人在一束束光线的笼罩下工作的画面。

　　作者耐心的等待终于有了回报，当再次走近水箱的时候，终于听到了焊条燃烧的声音。水箱内弥漫着焊接的气息，太阳的强光形成一束束光柱，使本来寻常的焊接场景变得斑斓悦目。

14 毫米镜头，光圈 F3.5，速度 1/180 秒，ISO400

7.1.6　用好相机的功能

充分发挥相机的功能，结合自己的创作意图，可以得到意想不到的效果。

例如拍摄焊接作业，虽然拍摄机会众多，但拍出新意并非容易，需要思考和创新。

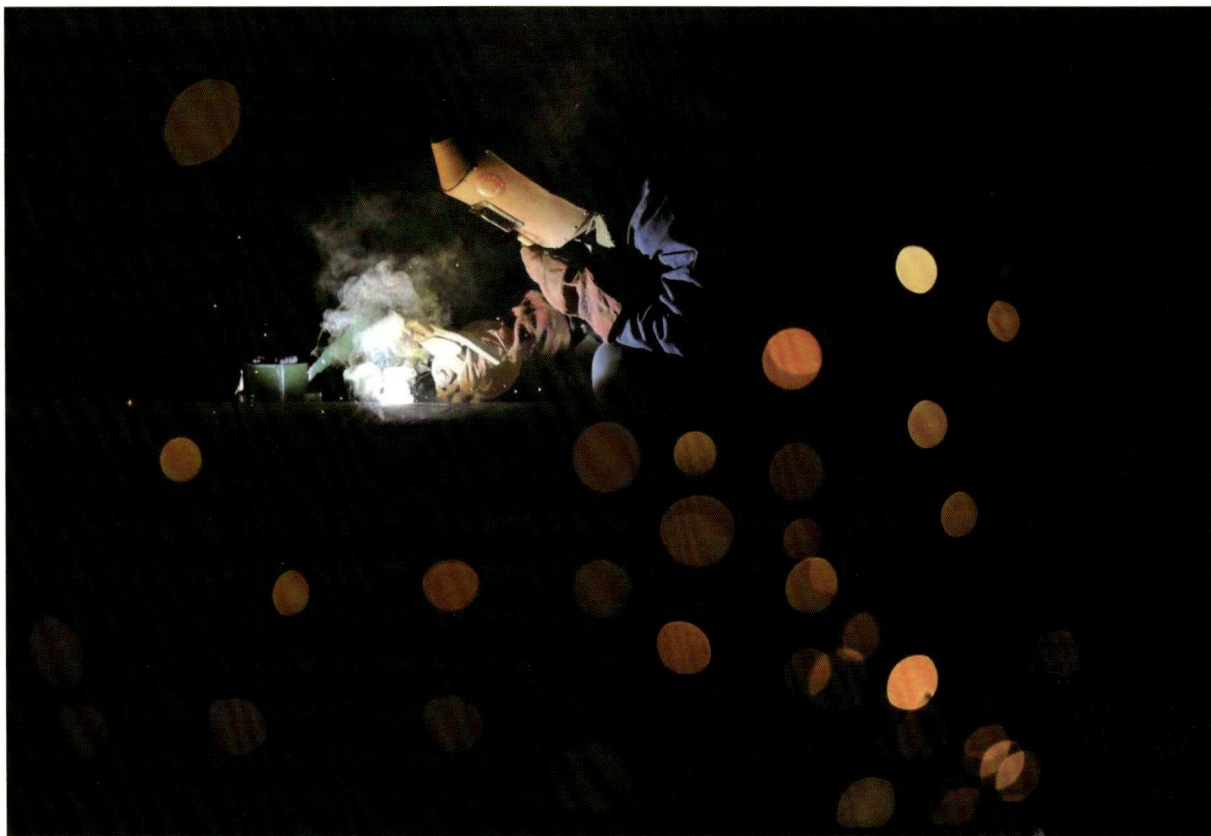

飞舞的火花（李强 摄）

▶ **背景：** 2012 年 10 月 21 日拍摄于国电新疆库车电厂工程。一名电焊工人在汽机房内施焊，在其附近另外一名施工人员操作磨光机
作业，飞舞的火花给焊接现场增添了浓郁的现场气氛。

▶ **点评：** 这是一个基建现场再寻常不过的焊接场景，当天空慢慢暗下来的时候，厂房内一名焊接工人正在认真工作，附近有工人使用
磨光机，火花四溅。为了渲染焊接场景，作者利用相机的多次曝光功能，选用大光圈、长焦距。先将火花纳入画面作为前景，
然后把人物布局到恰当的位置，得到了效果不同于以往的焊接画面。

200 毫米镜头，光圈 F3.5，速度 1/1000 秒，ISO400

7.1.7　团队形象的表现

　　拍摄基建现场团队照片，可以采用选择拍摄或组织拍摄。选择拍摄是根据拍摄意图真实记录瞬间形象，组织拍摄则是根据需要策划组织所进行的现场拍摄，也就是摆拍。组织拍摄应立足于生产实际，强调人物、环境的客观真实性。

齐心协力（李强 摄）

▶**背景：** 2008 年 4 月 2 日，中海油莆田联合循环燃机电站 4×350MW 机组工程 1 号机组锅炉汽包开始吊装。在绵绵细雨中，建设者克服困难顺利完成吊装任务。

▶**点评：** 在基建现场，团队合作施工的场景并不鲜见，如大件设备吊装、电缆敷设等。由于这些施工场景有时存在着装不一，或是人员分布相对松散现象，无法获得完美的形象。遇到团队合作施工的场景，应注意人物着装是否规范，有选择地进行拍摄。

　　这张照片真实记录了突击队员团结协作进行锅炉汽包吊装的场景。在雨中，突击队员目光一致，神态专注，齐心协力用力拉紧牵引绳，体现出团队的力量。

24 毫米镜头，光圈 F8，速度 1/250 秒，ISO800

走向世界（李强 摄）

▶ **背景：** 2016 年 7 月 16 日，摩洛哥努奥 350MW 光热电站工地，充满活力的年轻建设者们。

▶ **点评：** 这张照片是有策划有组织拍摄的。在国家"走出去"战略方针指引下，电建企业纷纷走向世界。作者所在的公司就是一家"走出去"的企业。公司努力培养和储备当地人力资源，为海外长远发展积蓄能量。如何将公司日益"国际化"的形象表现好，成为新的拍摄任务。拍好这类照片，组织拍摄成为效率较高的方式。

100 毫米镜头，光圈 F8，速度 1/640 秒，ISO100

7.1.8 基建现场安全第一，拍摄第二

需要强调的是，基建现场拍摄必须遵守工地的安全规定，时刻注意人身安全。切忌为了寻找拍摄角度而跨过安全线。

7.2 高空作业的拍摄

高空摄影（拍摄高空作业）是电力题材摄影中表现力极强的拍摄方式。高空摄影包括热气球空中摄影、飞艇摄影、动力伞摄影、直升机摄影以及登高摄影，这里我们着重探讨高空摄影。

7.2.1 高空摄影新视角

提到高空摄影，人们惯常的反应就是"恐高"。恐高是每个人潜意识里都有的，所以高空摄影只能是少部分人的专利，有着很高的拍摄难度。在旋翼无人机出现之前，它被称为"上帝的视角"。

皖电东送 1000kV 特高压输电工程施工（田世超 摄）

▶ **背景：** 2013 年 7 月 23 日，皖电东送 1000kV 特高压输电工程施工人员在"桑拿天"里进行施工。

▶ **点评：** 这张照片是在 80 米高空拍摄的，采用高空俯拍方式，两串绝缘子在画面中形成三角形构图，形成强烈的空间纵深感，画面富有张力。红色工作服使施工人员成为兴趣点。

220kV 滨海送电线路工程（田世超 摄）

▶ **背景：** 2013 年 7 月 25 日，220kV 滨海送电线路工程，施工人员正在铁塔上施工。

▶ **点评：** 这张照片是在 55 米高空拍摄完成，对称式构图将铁塔构造均衡分布延伸，增强了辽阔的视觉感受。

7.2.2　高空摄影的难点

　　尽管高空摄影带来了巨大的视觉诱惑，但是真想在高空拍出优秀的照片却不是容易的事。最大的难点就是机位的局限，在铁塔上很多地方根本无法站立，更不用说设立机位。所以要不停地攀爬找寻机位，并在有限的空间进行构图创作。

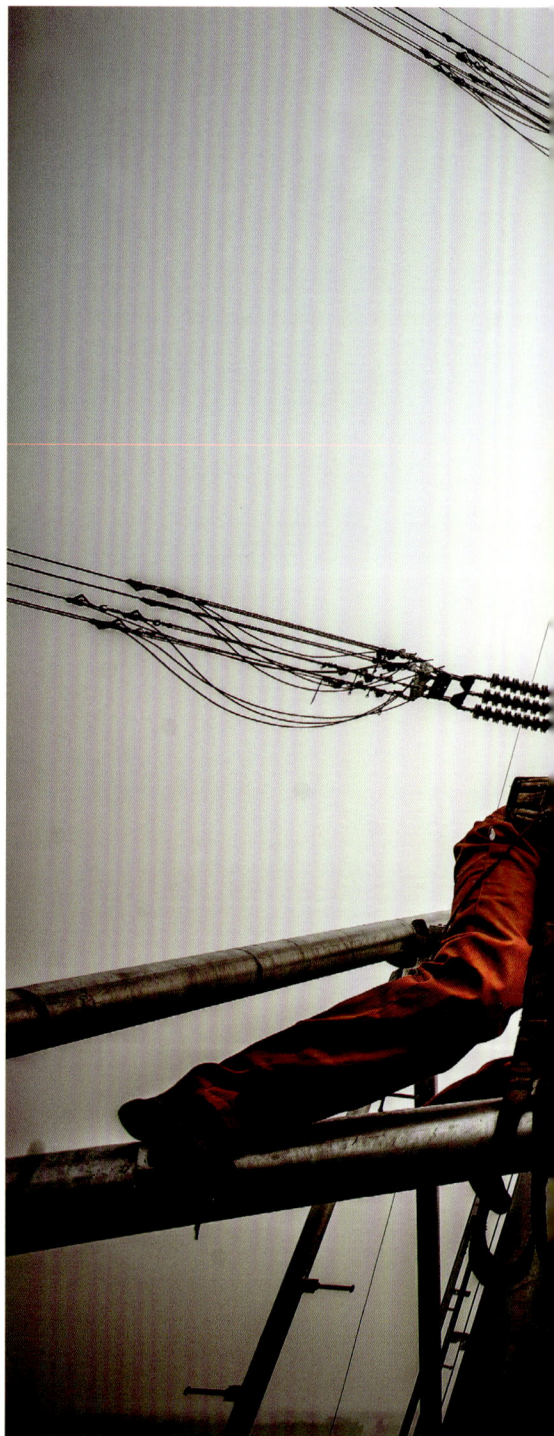

榆横—潍坊 1000kV 特高压交流输变电工程（**田世超 摄**）

▶ **背景：** 2016 年 7 月 6 日，榆横—潍坊 1000kV 特高压交流输变电工程线路施工人员正在铁塔上紧固螺栓。

▶ **点评：** 这张照片是在 70 米的高空拍摄完成。利用对称式构图将铁塔结构成三角形分布，给画面注入稳定感。中低档影调增加了金属质感，施工人员的肢体动作使画面充满张力。

220kV 曹植送电线路工程（田世超 摄）

▶ **背景：** 2014 年 3 月 21 日，220kV 曹植送电线路工程，施工人员正在检查螺栓紧固度。

▶ **点评：** 这张照片是在 90 米高空拍摄，新颖的画面结构带来强烈的形式美感和空间感。

7.2.3 高空摄影的画面结构

　　高空摄影的画面大多以铁塔的线条构成，通常使用广角镜头拍摄，铁塔塔材的线条会组成各种几何图形，形成强烈的形式感和空间感。在拍摄电网建设题材时，登高拍摄比无人机航拍更能贴近铁塔和高空作业人员，具有更为灵活多变的拍摄角度，影像表现更胜一筹。

微山湖 220kV 送电线路湖中组塔施工（田世超 摄）

▶ **背景：** 2012 年 11 月 2 日，山东微山湖 220kV 送电线路湖中组塔施工人员正在紧张地进行施工，远处有冲锋舟划过湖面。

▶ **点评：** 这张照片是在距地面 40 米高空拍摄完成。采用高空摄影中"同位视角"进行拍摄，画面均衡稳定。而湖面上的冲锋舟好似要打破这瞬间的平静，给画面带来动感。

榆横—潍坊 1000kV 特高压交流输变电工程（田世超 摄）

▶ **背景：** 2016 年 9 月 10 日，榆横—潍坊 1000kV 特高压交流输变电工程线路施工人员正在导线上安装间隔棒。

▶ **点评：** 这张照片是在 80 米的高空导线上拍摄的。广角镜头使导线呈"放射状"。线条的汇聚引导读者视线到达主体——施工人员身上。

榆横—潍坊 1000kV 特高压交流输变电工程（田世超 摄）

▶ **背景：** 2016 年 7 月 9 日，榆横—潍坊 1000kV 特高压交流输变电工程线路施工人员正在导线上巡线检查。

▶ **点评：** 这张照片是利用 600 毫米镜头加 2 倍增距镜拍摄的，为使导线线条"零距离"的叠加，拍摄机位距离被摄主体大约 5 千米，具有较强的形式美感和透视效果。由于导线呈纵向线条，给读者的视觉感受是人物的走向也是在沿着导线上升，带来强烈的不稳定感，令人印象深刻。

锡盟—山东 1000kV 交流输变电工程（田世超 摄）

▶ **背景：** 2015 年 6 月 2 日，锡盟—山东 1000kV 交流输变电工程（山东段），施工人员正在铁塔上施工。

▶ **点评：** 这张照片是在 110 米的高空拍摄的，采用高空俯拍。照片充分利用线条元素，农田纵横的线条，铁塔本体的线条，两位工人刚好在铁塔形成的三角形交汇处。人物形态、神态与主题吻合，画面中线条交错有致，繁而不乱。

7.3　记录供电优质服务

供电优质服务是电力行业新闻摄影和宣传摄影的重要内容，这是电力行业的性质决定的。供电优质服务关系到社会经济发展和人民群众生活的安全可靠用电，是社会稳定和经济发展的基础保障。

受行业性质的限制，供电服务题材往往躲不开变压器、电线杆，随之而来的问题是许多照片缺少新的视觉表现，多是简单、雷同的"设备加人"。

电力新闻摄影工作者要在日常的安全生产、营销服务、经营管理和电网建设等工作中勤于观察、尝试和总结，把镜头对准人，而非设备，从细节入手去结构画面和表现主题，拍摄出形象动人、信息量大的图片，揭示电与社会的关系，反映供电企业的责任担当和供电员工的精神风貌。

北京奥运开幕时刻（罗文德 摄）

▶ **背景：** 当北京奥运会开幕式第一朵礼花绽放的时刻，"鸟巢"外的电力保障人员一片欢腾。这张照片刊登在 2008 年 8 月 9 日《中国电力报》奥运特刊的头版上。北京朝阳供电公司是奥运电力保障的前沿。作为奥运供电保障一线的员工同时又是一名新闻摄影工作者，责任重大。

▶ **点评：** 这张照片没有奥运开幕式上辉煌壮丽的表演，礼花也不是很精彩，但是照片真实反映了供电员工坚守岗位的情景，他们为保电成功欢呼，为奥运成功举办欢呼。作者把供电员工和临时箱变作为前景，背景的鸟巢和礼花与欢呼的供电员工形成呼应，准确地表达了主题。

北京欢迎你（罗文德 摄）

▶ **背景：** 残奥会中，电力保障仍在继续，供电员工一如既往地巡视、测温、测负荷，所到之处也留下了他们对残奥会比赛选手的问候。

▶ **点评：** 手持测温仪器的供电员工与外国残奥选手亲切握手，人物形象生动。既交代了供电员工的工作状态，也反映出供电员工较高的个人素养。

电力流动展厅进校园（程伟 摄）

▶ **背景：** 2013 年 4 月 15 日，国网北京市电力公司团委开展了"青春光明行·电力流动展厅进校园"活动。当天，北京电力展厅的青年志愿者走进琉璃厂小学，通过"一问一答"、互动游戏等形式，为孩子们科普家庭安全用电、日常节约用电等知识。

▶ **点评：** 这张图片抓到了一个生动的瞬间，小学生在认真回答青年志愿者的提问。从小学生的手势上，可以看出他在一边计算一边回答，与对面的志愿者互动交流。旁边的小学生在抓耳挠腮地思考，现场感很强。

两会保电（程伟 摄）

▶ **背景：** 2016 年 3 月 2 日，一年一度的两会即将开幕，国网北京市电力公司员工在天安门广场开展保电演练工作。

▶ **点评：** 照片以显著的地标人民大会堂——两会的主会场做背景。供电员工对照保电手册与指挥中心实时沟通，应急抢修车严阵以待，这些画面元素强调了两会保电的紧张气氛和重要意义。履行首都供电政治责任，开展重要活动保电已成为国网北京市电力公司常态化工作。巡视变电站、电缆隧道和输电线路的工作现场很多，而选取具有显著性的地标建筑做背景，增强了照片的新闻价值。

炎炎夏日，保证百姓用上清凉电（罗文德 摄）

▶ **背景：** 2013 年 7 月 30 日，北京朝阳电网负荷达到 328 万 kw，达到夏季最大值。该公司启动应急响应机制，提供应急抢修服务，保证百姓用上清凉电。小庄营业所员工在用户家中进行抢修换表工作，从拆表、装表、填写维修凭证，一系列换装工作只用了 11 分钟。一天下来，他们的工作服要被汗水湿透几次。

▶ **点评：** 迎峰度夏高峰时期，一线运行人员和营销服务人员冒高温、战酷暑奋战在供电一线。摄影工作者要深入一线与运行和服务人员共同工作进行跟拍，才能拍摄到生动感人的画面。卡表抢修看上去是平常的工作，但是主体人物脸上流淌的汗水和湿透的工装冲击着读者的视线，突出了主题。背景人物则交代了事件的细节。

国网泰州供电公司员工在华电（兴化）太阳能发电项目检查光伏设备运行情况（汤德宏 摄）

▶ **背景：** 江苏省泰州市积极打造国家千亿级新能源特色产业基地，截至 2015 年 8 月 23 日，江苏省泰州市已建起屋顶光伏电站、农业大棚光伏电站和鱼塘水面光伏电站共计 330 座（户），总装机容量 31 万 kw，年累计发电 225444 万 kw·h。

▶ **点评：** 作者抓住泰州市打造国家千亿级新能源特色产业基地这个新闻点，用无人机拍摄江苏兴化李中镇苏宋村的华电（兴化）太阳能水上光伏项目。基本对称的画面结构，图案性很强的光伏设备显示出新能源基地的规模。光伏设备中间的一条"开口"打破了平面感，使画面"透气"，作为主体的小船和工作人员在水中的倒影相映成趣。画面静中有动，形象生动。

爬山涉水去施工（张家广 摄）

▶ **背景：** 2015 年 7 月 19 日，湖北宜昌夷陵区工作人员在施工途中跋山涉水。随着夷陵区"美丽乡村"步伐进一步加大，三峡坝区石板村 30 户群众用电急需加强，从 7 月 18 日开始，6 名配网工作人员利用两天时间，穿溪流、爬丛林，新架 1 台 100kV 变压器和 2.3km 高低压线路，彻底解决群众的用电难题。

▶ **点评：** 这张照片真实反映了电力工人的工作场景，大山中湍急的水流，电力员工被打湿的衣服……这些细节强调了工作环境的艰苦。画面前景冲击而下的水流与逆流而上的工人形成强烈的视觉冲突，使人物形象更加生动，现场感很强，是一幅接地气的记者走基层作品。

▲ 检修路灯（彭安波 摄）

▷ **背景：** 2010 年 9 月中旬，湖北宜昌供电公司路灯管理中心员工在沿江大道进行路灯维修，确保首届中国长江三峡国际旅游节和国庆节期间路灯亮灯率达到要求。

▷ **点评：** 照片使用广角镜头高位俯拍，主体人物突出，环境交代清晰。人物的神态、肢体活动到位，特别是暖色灯光将人物面孔照亮，使得主体人物形象更加生动。

▶ 深山架线（杨苏勤 摄）

▷ **背景：** 2004 年 1 月 15 日，河南辉县市供电公司员工在太行山深处架线。独居老人刘文堂点马灯生活了 85 年，被巡线工发现后，辉县电业局不惜代价，组织 60 多名青年员工，7 天穿梭在太行崇山峻岭间，竖起 8 基钢管，架设 2400 多米导线。大年三十，老人家里的电灯亮了。

▷ **点评：** 供电员工在山坳雪地里艰难地放线。导线丈量着他们的艰辛，也延伸着希望。山峦中的积雪，攀行的供电员工，晃动在旷野中的红黄色安全帽，组成一道亮丽的风景。这平凡瞬间背后，隐藏着一个动人的故事。

加快"煤改电"工程（程伟 摄）

▶ **背景：** 国网北京市电力公司积极配合政府，从 2003 年开始实施"煤改电"工程，截至 2016 年累计完成 58.25 万户改造工作，每年可减少燃煤 180 万吨，减排二氧化碳 468 万吨，二氧化硫 4.34 万吨，氮氧化合物 1.24 万吨，首都核心区已基本实现无煤化。"煤改电"工程已经成为服务首都大气污染治理的标志性工程，北京也成为全国电能替代燃煤供暖的示范区和先行区。

▶ **点评：** 供电员工齐心协力敷设电缆的场景，成为国网北京市电力公司攻坚克难推进"煤改电"工程的一个缩影。照片背景交代出的环境是小六部口胡同，突出了北京的地域特点。通透的蓝天背景，从另一个角度说明"煤改电"助力首都蓝天的重要意义。

小贴士

在供电作业现场拍摄时需要注意两点：

(1) 首先要保证拍摄者自己的人身安全，遵守现场安全规程，不懂的地方要询问现场安全员或工作负责人。

(2) 图片内容要符合安全生产相关规定，特别是按规定着装和安全帽的正确佩戴。

7.4　夜间拍摄

华灯初上，入夜后的城市璀璨夺目，无论是应急抢险、设备检修还是城市夜景，只要涉及电力元素，都是电力摄影工作者拍摄报道的范围。

7.4.1　夜间拍摄的器材准备

对于拍摄者来说白天的拍摄通常都是游刃有余，而到了夜间拍摄时往往会手忙脚乱，到了现场后发现，不是忘带这个就是忘带那个，或者调错相机的参数，这些都是经验不足或者事情紧急所导致。所以不妨给自己列一个夜间拍摄器材清表，方便出行前进行检查。

夜间拍摄器材		
名　称	数　量	备　注
相机	1	以单反为例
镜头	若干不同焦段	根据拍摄内容选定焦段
相机电池	若干	
三脚架	1	夜间拍摄光线会相对较弱，为获得合适的曝光，相机的快门速度会相对变慢，使用三脚架保证了画面的清晰。三脚架要安装稳定，必要时可以将相机背包挂在三脚架下，降低重心使之更稳定。另外，拍摄时不要手扶三脚架，当相机以较慢的快门速度曝光时，任何轻微的晃动都可能导致画面不清晰
快门线	1	快门线可以远距离控制拍照、曝光、连拍等，防止人手接触相机导致震动。 检查好电池电量
外置闪光灯	1	闪光灯可以在光线不够时进行补光，闪光灯还可以作为一个可控光源，让你通过光线营造照片的效果和气氛。可以安装在相机热靴上的外置闪光灯具有较强力的输出，而且可以改变照射角度营造各种灯光效果。 检查好电池电量
手电	1	方便出行和检查设备

7.4.2　夜间拍摄的最佳时段

要拍出好的夜间作品，除了要选对好天气外，就是要选对拍摄时段，也就是最佳的拍摄时间。以夜景拍摄来说，根据季节不同，通常情况下日落前、后半个小时是拍摄夜景最好的时机，因为此时天空刚黑，天边还留有一丝余光，色彩最漂亮。一般情况下，只要天空能见度不要太差，利用小光圈进行长时间曝光拍摄，理论上都能拍出优质的画面。若要拍摄黎明时刻的夜景，应该在日出前后半小时比较适宜，因为这时天空刚亮，光线较为柔和，只要控制曝光平衡，应该都能拍到满意作品。

祝福祖国（刘钦壮 摄）

▶**背景：**2016 年国庆节前夕，天安门广场"祝福祖国"花坛搭建完毕，开始夜间灯光调试。作为节日景观，每年都会在天安门广场搭建花坛，而每年的灯光调试都会在广场清场以后进行，所以要拍到"干净"的"第一手"画面，作为电力摄影记者，有着独到的优势。每次拍摄我都会选择提前进场，选择好角度，等待最佳光线的到来，用灯光的美表现电力的可靠保障。

▶**点评：**花坛作为主体，置于画面的视觉中心，天安门为背景清晰可见。选择黄昏时间进行拍摄，环境光与灯光的合理搭配使得画面色彩更加丰富，整体通透性比较好。同时画面的电力元素得到很好的展现。

7.4.3 夜间拍摄的光线处理

正确的曝光是一张合格照片的基本标准。光圈、快门和感光度 (ISO) 构成了相机曝光的三要素,在夜间拍摄时,要根据现场的光线,正确调整这三项参数值,才能得到一张技术合格的照片。

检修华灯(刘钦壮 摄)

▶ **背景:** 2012 年全国两会前夕,国网北京市电力公司检修天安门广场华灯,迎接全国两会的到来。每年的全国两会也是电力企业最忙碌的时刻,要确保会场供电"零闪动",重点道路照明亮灯率达到 99.99%。

▶ **点评:** 以人民大会堂为背景拍摄的这张照片,把时间、环境等要素清晰地交代出来。感光度不要太高,以减少暗部噪点,选择小光圈控制景深;适时抓拍工人的检修过程,获得一张合格照片。

光圈：光圈的作用一是控制进光量，二是控制景深。为了获得较大的进光量，夜间拍摄通常会放大光圈，这时景深范围会变得较小，出现不同焦平面的虚化，所以在拍摄夜景照片时，要根据拍摄内容合理选择光圈。拍摄时，不宜选择最大或最小光圈，通常情况下会选择中间的光圈值，保证进光量和景深效果。

通常情况下，光圈较小时，由于景深范围较广，可拍出大面积的清晰影像，并能捕捉到单点光源形成的星芒效果。

检修路灯（刘钦壮 摄）

▶ **背景：** 这是 2017 北京 APEC 峰会召开前夕，国网北京市电力公司加大供电设施的检修维护，确保道路照明安全可靠。

▶ **点评：** 这张照片使用三脚架拍摄，画面清晰，较小的光圈使光源产生漂亮的星芒效果。夜间拍摄新闻图片时，为保证画面清晰，可以使用三脚架、快门线进行拍摄。在不便使用三脚架而需要手持相机拍摄，特别是拍摄动体时，必须正确使用安全快门，保证画面主体清晰。

快门：夜间进行现场拍摄时，有可能来不及或不便使用三脚架，需要手持相机拍摄，这就要求必须保证较高的快门速度。这时除了开大光圈，还需要提高感光度来获得较高的快门速度。

为阅兵仪式加装临时电源（刘钦壮 摄）

▶ **背景：** 2015 年 7 月，纪念抗战胜利 70 周年阅兵前夕，国网北京电力公司根据阅兵供电保障方案，在天安门广场东、西两侧加装临时设施保障阅兵期间安全可靠供电。

▶ **点评：** 拍摄这张照片时，天已经黑透，对主体进行闪光补光。为了获得较多进光量选择了较大光圈（不是最大光圈），在手持相机拍摄情况下，为获得清晰的画面提高了感光度（ISO）数值，保证了正在作业的人物影像清晰。这里要强调的是，夜间手持相机拍摄动体对安全快门的把握很重要。安全快门 =1/ 镜头焦距。按照这个定律，可以根据所使用的镜头焦距估算出手持相机拍摄所需要的安全快门速度。

检修长安街华灯（刘钦壮 摄）

▶ **背景：** 这是 2012 年"十八大"召开前夕拍摄的一张图片，国网北京市电力公司巡修长安街华灯，保障道路及景观照明。

▶ **点评：** 高光比图片的曝光是比较困难，这个时候要根据亮部测光，采用闪光灯补光的形式，提高整体亮度，另外提高感光度（ISO）
数值，获得更多进光量和较快的快门速度。

感光度（ISO）：感光度即是照相机感光元件对光线的敏感程度，在相同光圈值、快门速度下，感光度越高，

感光量就会越多。所以在夜间拍摄时可适当提高感光度（ISO）的数值来增加曝光量。但是，ISO 值越高，照片

的噪点越严重，所以夜间拍摄通常会根据拍摄内容及所用器材来调整 ISO 值。通常情况下，手持相机拍摄需提高

ISO 值来换取快门速度，保证照片清晰度；而使用三脚架时可以将 ISO 值降至最低，以保证画面质量。

国家大剧院夜景（刘钦壮 摄）

▶**背景：** 2017 年 5 月 12 日，"一带一路"国际合作高峰论坛在北京举行，作为活动的重要场所之一的国家大剧院，灯光焕然一新，与之相呼应的人民大会堂也是光彩夺目，然而两者的光比很大，增加了拍摄难度。作者选择了大会堂的亮部作为曝光基准，采用 RAW 格式，后期将画面的暗部调亮以获得较小的光比。

▶**点评：** RAW 格式是没有经过处理和压缩的文件格式，在照片的后期处理中拥有最大的操作空间，可以对照片的密度、反差、色彩及饱和度等进行个性化的调整，并且不会损失图像的质量。这张照片充分利用 RAW 格式的优势进行了二次创作，使得夜景拍摄更加富有艺术效果。

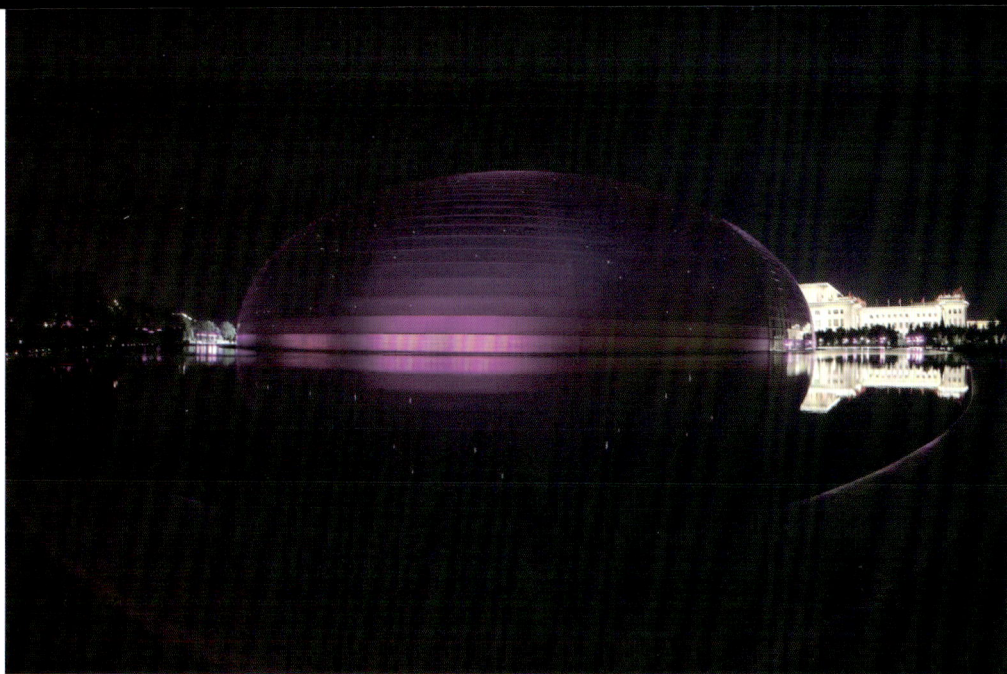

8 / 主题策划

新闻竞争要求摄影报道必须策划。

不论传统媒体还是新兴媒体，通过近些年的实践，都认识到对具有较大社会意义的新闻题材要进行精心谋划，对所拍摄的内容、步骤、途径等进行组织和安排，力求客观、准确、深度地进行摄影报道，充分凸现其新闻价值。将摄影记者和编辑的主动性和创造性与读者的需求结合起来，取得良好的社会效果，并形成自己的风格和特色。

摄影报道的策划作为提高新闻传播效果的途径而不断得到强化，这也是近年来新闻摄影报道的趋势，这一趋势，已经从记者个体策划到部门群体策划，开始迈向了媒体整体策划的新高度。

新闻摄影报道策划可分为以下几个种类。

8.1　重大题材主题策划

每个时期的中心宣传报道任务都会涉及一些重点题材的报道。比如"特高压"、"青藏联网"工程的报道，这是政策性很强、题材重大而严肃的报道。

"特高压"、"青藏联网"工程是近年来国家电网公司的"大手笔"，其成就举世瞩目。如何做好这类题材的策划，首先，要找切入点。"特高压"、"青藏联网"工程的建设，究竟广大读者想了解什么呢？切入点应该从读者的视角去观察，通过了解其背景、社会意义、建设难度等，从中得到启迪。因此，选题和内容就定位在"建设壮举"上，围绕这一主题，从不同的角度多方位地展开。

以下这两个系列的摄影作品角度新颖、可读性强，较深入地展示了"特高压"、"青藏联网"工程建设的方方面面，成为主题策划的拳头产品，为后期报道做出了厚实的铺垫。

朝霞为伴（张家广 摄）

构成（刘晓飞 摄）

日新月异（左沛华 摄）

余辉洒满特高压（唐平 摄）

2008 年，晋东南—荆门特高压交流试验示范工程汉江
大跨越—动力伞放线（马力 摄）

2008 年，晋东南—荆门特高压交流试验示范工程建设施工现场（马力 摄）

2009年，向家坝—上海特高压交流试验示范工程汉江大跨越建设施工现场（马力 摄）

（组图）特高压交流试验示范工程

▶**背景：** 特高压交流试验示范工程是我国首个特高压工程，于2006年8月获核准开工建设，由我国自主研发、设计、制造和建设，北起山西晋东南站，经河南南阳站，南至湖北荆门站，全线单回架设，全长640km。工程于2009年1月6日正式投运，提升了电网优化配置资源的能力。

▶**点评：** 特高压题材是电力摄影工作者近年难得的一个重大题材，既有新闻和美学价值，又有文献价值。工程自2006年开工建设以来，电力摄影工作者在全国各个建设工地用心拍摄，不论是在地面变电站、还是在180余米的高空，拍摄者不畏艰难，拍摄的大量摄影作品真实地反映了大工业的现场和空中飞人的壮观，具有极强的视觉冲击力，形象再现了电力人的艰辛和以苦为乐的精神风貌。原华中电力报总编辑李光满评价说："面对这组作品，有一种强大的视觉冲击震撼我的神经，这是我所看到的最具震撼力的电力题材乃至工业题材的摄影作品。"

在青藏联网工程沿线，野生动物得到有效保护

几名电力建设者在攀登铁塔

高原首次直升机吊装铁塔

高原施工人员"全副武装"

每天要给女朋友报个平安

工地上的藏族妇女

（组图）青藏交直流联网工程（张家广 摄）

▶ **背景**：国家电网公司青藏交直流联网工程是国家西部大开发 23 项重点工程之一，工程包括西宁—日月山—海西—柴达木 750kV 输变电工程、青海柴达木—西藏拉萨 ±400kV 直流输电工程和藏中 220kV 电网等配套工程三个部分，工程概算 162.86 亿元。工程从 2010 年 7 月 29 日全面开工建设，2011 年 12 月 9 日竣工投运。

▶ **点评**：5 月初，祖国南方是春光明媚，但在青藏高原，却是一片冰雪世界。2011 年，举世瞩目的青藏联网工程建设正如火如荼进行，作为国家电网报青藏联网工程联合报道小组成员，作者用镜头记录了这一伟大工程的建设壮举，而亲历的那些人和事，至今让作者难以忘怀。从平均海拔 5000 米的大山之巅，从拉萨到青海，一路走来，太多的人和事感动着作者，"如果说，人们常常赞美冰山雄姿，那么这些建设者就是雪域高原不畏严寒的雪莲。"

8.2 突发事件主题策划

"如果你照片拍的不够好，那是因为离炮火不够近。"这是著名战地摄影师卡帕的一句名言。在新闻报道中，把一些无法预知的，突然发生的事件称为突发事件。一般突发事件都具有很高的新闻价值，对读者有较大的吸引力，但是新闻现场转瞬即逝，不容易把整个事件的发生、发展和结果完全记录下来。

对电力企业而言，突发事件主要是指电力设施遭受自然灾害、外力破坏和现场突发状况等，如何做好这类事件的摄影报道，俗话说"兵贵神速"。"快"是摄影记者应具有的素质，对有报道价值的突发事件，应闻讯而动，第一时间赶赴事件现场，至于拍摄哪些内容，因事件突然发生，情况不明，只能到达现场后随机应变，近距离、多方位、多角度拍摄电力员工不畏艰险、迎难而上抢修保电的精彩瞬间。只有身处一线，才能发现细节，放大细节，拍摄出有震撼力和感染力的照片。

铁塔倾倒现场

老少齐上阵

精神的力量

工地上"庆生"

吃上一口热饭不容易

（组图）2008 雪灾抢修（张家广 摄）

▶ **背景：** 2008 年初，一场罕见的冰雪灾害使中国南方多省输电线路遭受严重损坏，直接影响受灾地区人民生活及社会用电。从 1 月下旬开始，强降雪和低温天气造成 500kV 咸梦线湖北境内的三基铁塔倾倒，接到指令后，湖北电力员工马不停蹄地奔赴抗灾一线。时隔多年，当时抗冰保电的壮烈场景，仍让人记忆犹新。

▶ **点评：** 在这场抗冰保电行动中，作者亲临一线，进行跟踪拍摄报道，不难看出，作者具备突发事件的处置能力，第一时间应闻讯而动赶赴事件现场，拍摄的图片现场感十足，具有较强的视觉冲击力。

　　这组图片之所以感人，是因为现场感强，没有丝毫摆布，特殊的自然环境和灾害现场，营造了特殊的氛围，让人感受到条件的恶劣和工作的艰辛，仿佛把读者也带进了工作现场，情感上自然产生共鸣。

在高温下连续工作

同事们挥动衣服扇风为毛明峰降温

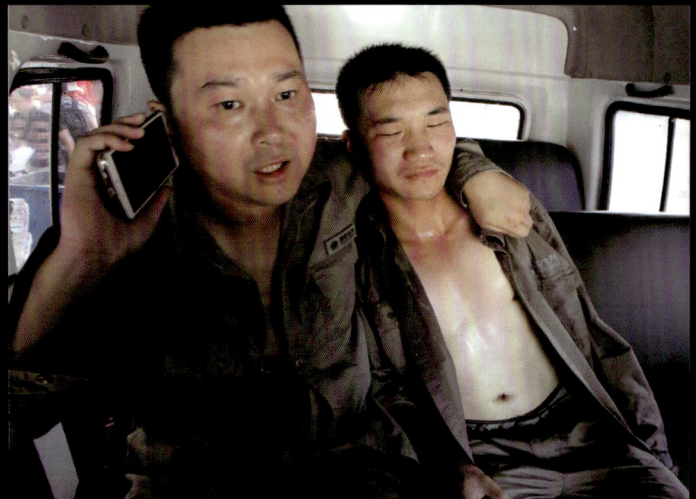

送往医院途中

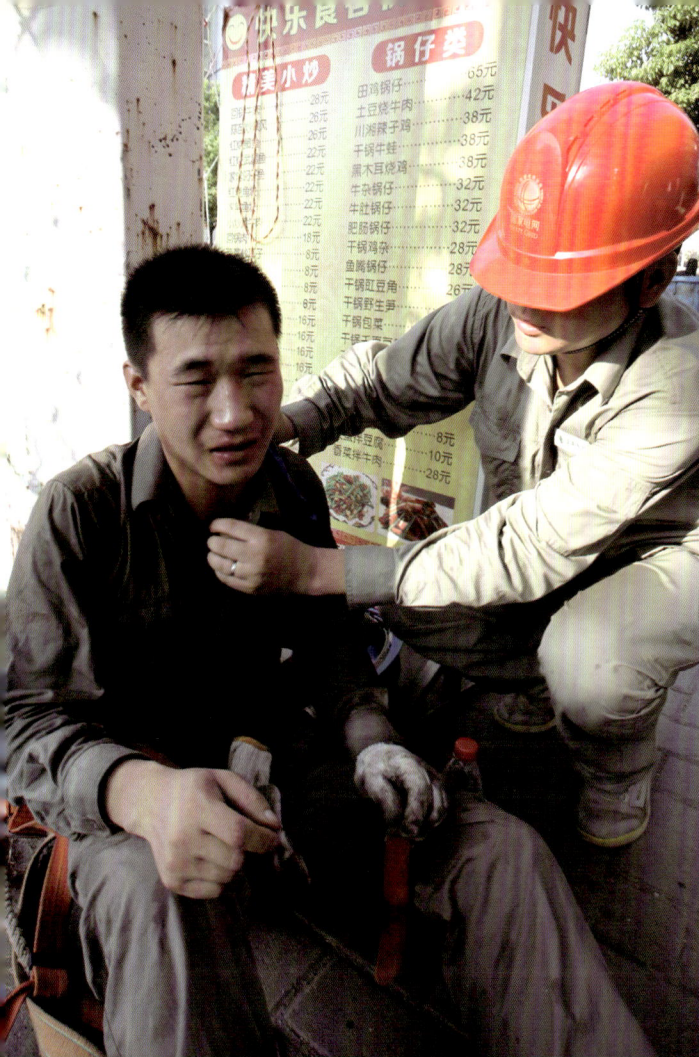

体力严重透支累倒在抢修现场

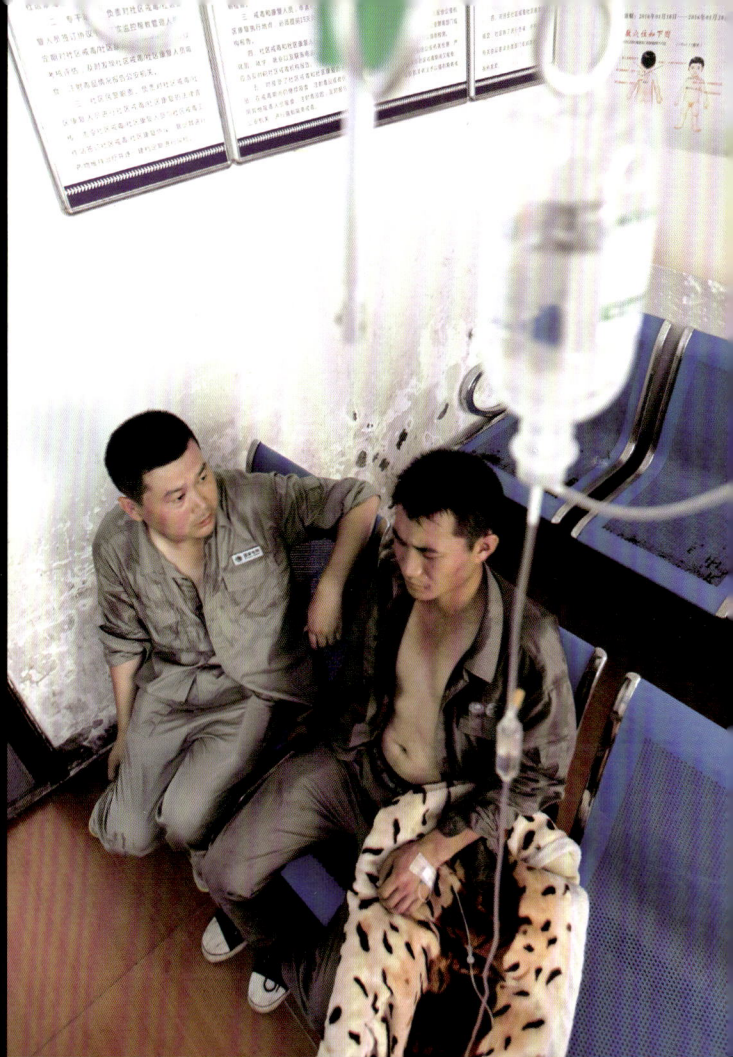

在医院进行治疗

（组图）"90 后"员工累倒在抢修一线（张家广 摄）

▶ **背景：** 2016 年 7 月 29 日，由于鄂东地区连日气温高居不下，室外气温超过 40℃，导致武穴市电网负荷屡创新高，城区供电故障抢修量激增。为了让广大群众少受一份停电之苦，刚满 26 岁的武穴市供电公司运维部配电班员工毛明峰，与抢修队员们不顾劳累、日夜奋战在抢修一线。下午 4 时许，在湖北武穴市广济大道社变增容现场，毛明峰在结束当日第三次抢修任务后，因体力严重透支被送往医院就诊。

▶ **点评：** 在很多人眼里，电力行业是一个拿着高薪、工作环境舒适的代名词，而 90 后则意味着是不能吃苦的一代。作者的这组图片真实记录了 90 后电网员工在烈日下不顾劳累、日夜奋战在抢修一线，最终累倒在抢修一线的感人场景，展现了年青一代电网员工特别能吃苦、特别能战斗、特别能奉献的精神风貌。对于修正人们的偏见可谓是"一图胜千言"。

8.3　社会责任主题策划

电，是不同于其他商品的商品，它的第一属性是服务和公用。这就决定了社会责任是电力企业无法避开、必须履行的一种义务和使命。作为电力摄影工作者，要时刻以关注民生、同情弱者为己任，具有公平心和正义感，通过不断挖掘、精心策划，充分利用报刊、网络、电视等新闻媒体，多角度、多层次地开展宣传工作，积极组织开展并向社会宣传优质服务，向客户解疑释惑，诠释社会责任，充分展示央企的良好社会形象和干部员工奋发有为的精神风采。

英雄走好

（组图）万人空巷送英灵（张家广 摄）

▶ **背景：** 2012 年 8 月 16 日，《数万民众含泪为三名电力员工送行》等相关报道在各大媒体刊发，湖北十堰 3 名电力员工为抢修电站殉职的事迹在全国范围内引起强烈反响。当天，湖北十堰全城举哀，从殡仪馆到十堰公墓，沿途上万名市民聚集到主干道两侧，为"最美电工"史克军、李琼、陈品东送别最后一程。此前，湖北省人民政府决定，批准史克军、李琼、陈品东 3 位同志为烈士。2012 年 8 月 5 日夜晚至 6 日凌晨，十堰遭受特大暴雨袭击，造成山洪、泥石流等一系列灾害。为保障官山水库下游人民群众的生命财产安全，史克军、李琼、陈品东毅然坚持执行处理官山水库防洪供电线路故障、保障襄渝铁路线可靠供电任务，后被洪水冲走，不幸因公殉职。

▶ **点评：** 一幅新闻图片之所以能吸引读者的眼球，靠的是视觉形象，这种效果来自形象新闻的直观性，同时也是人们"百闻不如一见"这一普遍心理需求得到满足后的态度体验。在这组图片中，电网员工的英勇形象虽然没有直接呈现在读者面前，但作者通过抓取广大群众自发祭奠、哀悼和送别等感人场景，烈士的高大形象和高尚品质自然跃然纸上。

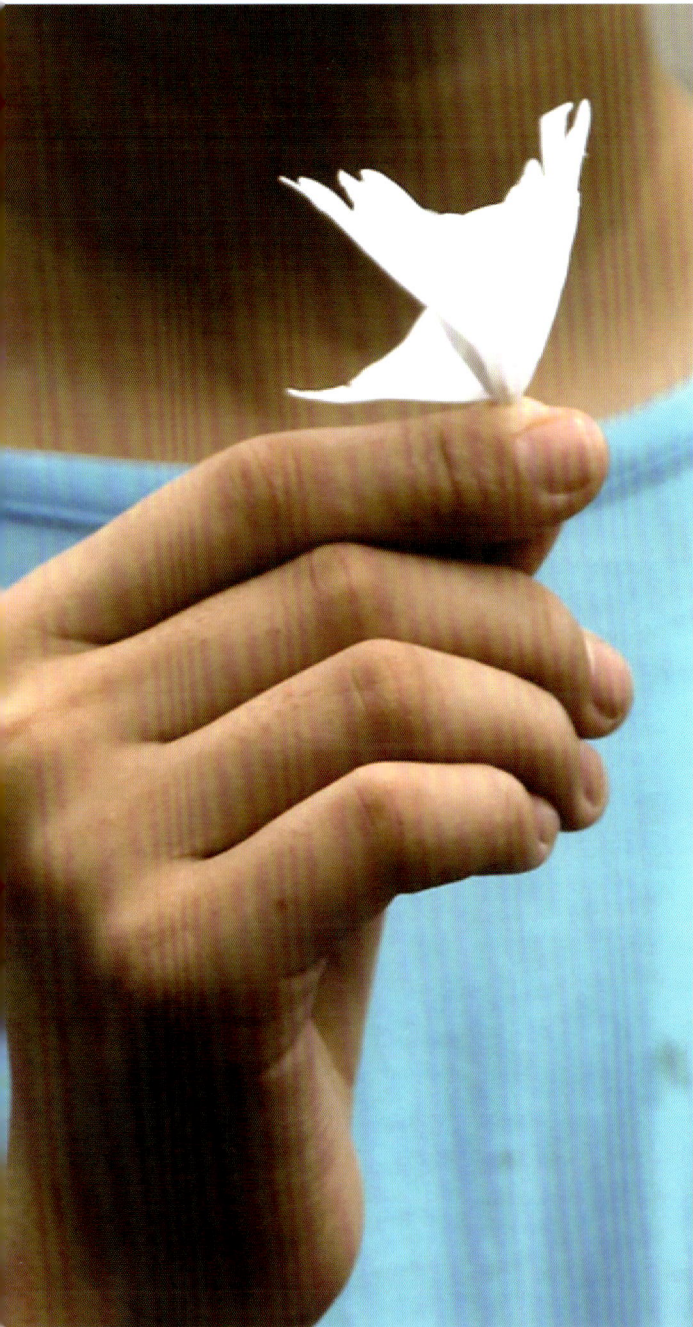

尽在不言中

寄托哀思

作别昨日的同事

烈士永远活在我们心中

"爱心红丝带"已成为随州供电公司的"爱心品牌"

痛失两个孙子的老人

大手牵小手，有我与你相随

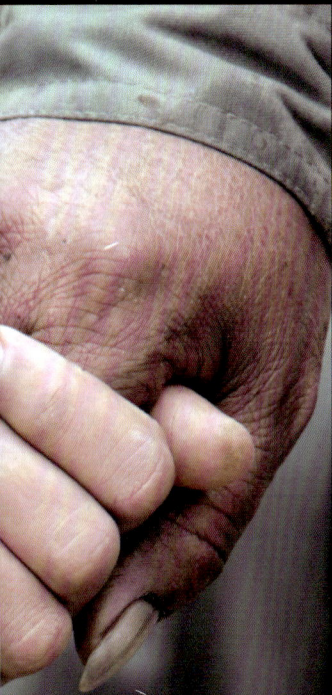

为艾滋病患者检查照明线路

帮助艾滋致困家庭

"爱心红丝带"募捐活动

与城里孩子共享一片阳光

（组图）"爱心红丝带"坚守 15 年（张家广 摄）

▶ **背景：** 在 20 世纪 80 年代初期，湖北随州富家棚村许多村民听从"血头"的怂恿去卖血，从而感染上了艾滋病毒。在谈艾色变、人人自危的环境下，随州供电公司均川供电所"爱心红丝带"党员服务队始终坚守在一线，十五年不离不弃服务艾滋病客户，为艾滋病患家庭送去光明，赢得社会的高度赞誉。先后荣获湖北好人、"中国网事·感动 2014"网络人物、中华红丝带基金第四届感动红丝带温暖奖等一系列殊荣。

▶ **点评：** 有了一个好的题材，就要坚持不懈地去跟踪拍摄。这组新闻纪实图片作者前后跟踪拍摄了 8 年，积累了服务队员不同时期开展的各类活动，生动再现了服务队员把困难群众当家人，用心服务弱势群体的感人情景，党员志愿者的大无畏精神和无私奉献精神跃然纸上，为人们树立了积极的正面典范，传播了向上向善的正能量。

8.4 图片故事主题策划

　　围绕一个主题、用多幅图片讲述一个故事，内容可以是一个人（或一群人）、一件事等，这样呈现在读者面前的每幅图片不是单一的，而是一个整体的一部分。

灯火阑珊，个中滋味谁知晓

"娇小妹"肩上的责任

（组图）营抄"四朵金花"（张家广 摄）

▶ **背景：** 用柔弱的肩膀挑起生活的重担，以坚强的信念献身于工作，年复一年、日复一日地走进千家万户——她们，就是供电企业的抄表女工。在湖北通山具供电公司城关供电营业所，有一支这样的营抄队伍，她们被客户亲切地誉为"四朵金花"。

　　通山城关供电营业所管理着 57 个台区、13000 余户居民的用电，低压线路 90.23km。"四朵金花"每人要管理 5 个台区，负责抄表、核算、催费、计量故障维修、台区改造材料管理等工作。每月 1 ~ 3 号是她们最忙的几天，平均每人每天要抄表 500 余户。在这几天里，她们凌晨 5 点就得出发，往往忙得晚上 10 点多钟才能回到家里。

▶ **点评：** 这是一组记录抄表女工日常工作的纪实摄影作品，更是一组会说话的摄影作品，作者用自身丰富的艺术修养和娴熟的摄影技巧，捕捉每个细节，让每幅图片有不同的内涵和韵味，从而让人们对抄表女工这一群体有了更直观的了解。

图片故事应该按照一定的逻辑关系构成画面顺序，可以按照时间、空间或者是事件，但必须有一个鲜明的主题，所有图片以这个主题为中心连接并拓展开来，这种形式比单幅图片表现主题更加深入，并且具有时间和空间的延续性。

抄表途中，经常有恶狗挡道，勇敢地跨过去，前面又是一片天

大姐身体力行，轻伤不下火线

种植技术已堪称一流，种植的山药又大又粗

周末老伴来"探亲"，

清晨起来，首先要照顾猪宝宝

劳动享受生活，收获享受快乐

（组图）马顺元的田园生活（张家广 摄）

▶ **背景：** 见到马顺元，是在湖北襄阳城郊一个名叫贾州村的地方。黝黑的脸颊，纯朴的笑容，一件及膝的土黄色大布衫、一条绿军裤和一双解放鞋，这与一个地道的农民没有什么区别，甚至比农民还农民。

退休前，他曾是一名电力政工干部。2002 年，马顺元承租了这里的二十多亩地，租期是 20 年。此后，他把自己所有的情感全都注入到了这块他热爱的土地：绽开的棉桃、金黄的玉米、粗壮的山药和结满果实的棚架，给马顺元的生活带来了无尽的快乐。

▶ **点评：** 这是一组非常接地气的摄影作品。

人们常说，老有所养、老有所为、老有所乐。在电力企业内部，每年都有大批的干部员工退休，如何安置好这个群体，是一个值得思考的问题。在这组生活气息浓郁的照片中，作者用视觉语言生动诠释了一位电力员工在退休后的所养、所为、所乐，让人充分感受到田园野趣和劳动之美。

8.5　企业文化活动拍摄

一流的企业文化是推动企业创新发展的精神支柱，是企业"软实力"的集中反映。

在企业新闻摄影中，职工文艺演出、劳动竞赛、职工体育比赛等企业文化活动的图片非常受人关注，阅读量都比一般的新闻高。这主要缘于广大职工的参与度高，能够得到广泛认同。通过这种看似简单的形象文化，折射的是整个企业的价值观，是有价值的企业文化。

在实际拍摄中，这些活动具有一定的特殊性，主要表现在动态较强和不可预见性，需要摄影者有充分的准备。

（1）提前做"功课"，了解文化活动的项目类型和具体内容，在活动彩排或热身时进行试拍。如果有条件，带上两台相机，可以免去换镜头的麻烦。室内拍摄时，独脚架非常适用。

（2）正式拍摄时不管现场多火热，拍摄者也要心平气静。这样才能冷静观察，做到随机应变。

（3）预知预判能力很关键。比如乒乓球运动员挥拍之时、足球运动员射门的一刹那、舞蹈演员在台上最经典的动作、书画爱好者挥毫泼墨的一刻等，在动作即将开始之前就应确定焦点，动作到位时毫不犹豫地按下快门。

8.5.1　拍摄体育比赛

拍摄体育比赛，需要了解被摄项目的规则和细节，这样才能跟上比赛节奏，对比赛进展有准备的预判，抓拍到精彩瞬间。

挥拍（孙钢荣 摄）

▶ **点评：** 作者有很强的预判力，在运动员即将挥拍的一刹那按下快门，将运动员一跃而起的动作定格，抓取时机到位。背景中的文字交代出活动的内容。

灌篮高手（孙钢荣 摄）

▶ **点评：** 作者选择在篮球筐下这个最佳角度捕捉到了篮板瞬间，这是比赛中两队
交锋的热点。照片的瞬间抓取到位，现场气氛强烈。

定格（孙钢荣 摄）

▶ **点评：** 这个瞬间表现了运动员发球时专注的表情。人物肢体动作到位，细节丰
富，形象生动。

射门（孙钢荣 摄）

▶**点评：** 作者用连拍抢到了运动员射门的瞬间，构图完整、动感十足。射门运动
员还没停止的动作、飞来的足球、守门员扑球的一刻，都得到精彩呈现。
背景的标识和观众交代出这是一场员工参与度极高的企业体育活动。

8.5.2 拍摄舞台文艺演出

与其他题材相比，文艺演出摄影的拍摄条件比较特殊，一般情况下照度弱、光比强，光线与色彩变化大。所以在拍摄前要有所准备，有条件尽量观看演出彩排。这样可以了解场地照明情况和演出的特点，确定拍摄的位置、角度、所需器材等，从而进行充分的准备。

党群队伍技能竞赛（程伟 摄）

▶ **点评：** 知识或技能竞赛项目在企业文化活动中较常见，场景也相对单一。作者抓拍的是活动中的表演环节，前景人物表现生动，有一定趣味性。背景元素较多，增强了照片的叙事性和信息量。

光影（孙钢荣 摄）

▶ **点评：** 作者按舞台的亮部曝光，生动表现出舞台灯光营造的艺术氛围，演员的
舞蹈动作协调优美，神态依稀可辨。

力与美（王洋 摄）

▶ **点评：** 两名表演者通过力量与杂技技巧的结合，诠释了生命的美来源于力量。
此类表演的造型亮相较多，相对比较容易拍摄。作者抓住演员亮相的精
彩瞬间，演员的表情、动作抓取到位。

8.6　社会责任报告策划

著名摄影家布列松曾说过："摄影作品承担着重要的社会责任，每个摄影师都应意识到：无论一幅摄影作品画面多么辉煌、技术多么到位，如果它远离了爱，远离了对人类的理解，远离了对人类命运的认知，那么它一定不是一件成功的作品。"对于电力企业来说，社会责任报告是向社会展示其企业形象和社会责任十分重要的媒介和方式，而电力题材的摄影作品无疑是其中一大重要元素。那么，如何围绕社会责任主题，策划一场独具特色的摄影活动呢？

首先要在大的社会责任主题里找到小的切入点。每一个社会责任的背后，都是具体而确切的部分，在众多的题材中去筛选合适的人物和行为，通过这些细节的拍摄和展示，把故事背后的责任从纸上传达到人心。由大目标细分成小目标，逐个击破，最后又能复原形成一个系统性的整体，共同诠释社会责任这个主题。

然后再根据大主题和小细节列出详细的摄影计划。每一个主题下有哪些切入点，每一个切入点需要拍摄多少数量的作品，每一个作品需要通过哪些角度去拍摄，从定性到定量，将整个摄影计划一步一个脚印积极推进。这里主要运用的是大图配小图的呈现技巧，大图展示整个人物故事的场景，小图放大其中的某个细节，两者互为搭配补充，提升摄影作品的感染力。

有了具体的计划，剩下的就是全力执行。下面结合社会责任报告中的图片进行分析。

电力作引擎 对接新需求

2016 年，北京市推动社会经济稳增长、调结构、惠民生，非首都功能疏解项目、高速铁路、重点科技产业、供水设施、再生水厂等大批重点工程建设项目全面开工。国网北京电力主动对接支撑首都发展热点，加快建设国际一流电网。

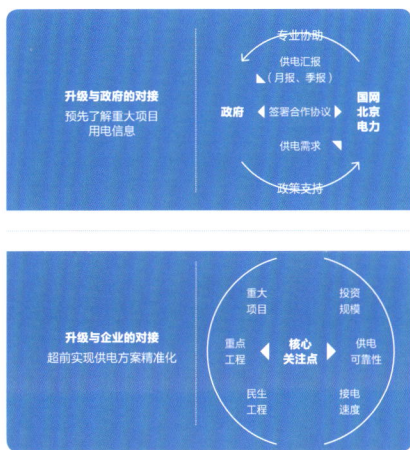

引领"智慧"建设，打造精品工程

北京市重大项目、重点工程、民生工程密集落地，需要更高效、更标准的电网建设做保障。国网北京经研院创新电网建设管理模式，建设智慧工地管控平台，为高质量、快速度建设精品工程奠定基础。

智慧工地管控平台依托物联网、云计算、移动互联网等技术在工程建设领域应用，将"互联网 +"理念与工程项目实施过程中的进度、安全、质量、技术等管控要素相结合。依据"指挥中心 - 项目部 - 施工作业区"三个管理层级，构建"现场终端系统 + 项目本地管理平台 + 云端管理平台"的三级应用模式，可同时对多个工地施工现场实施全天候、全方位视频监控。2016 年，这种集成度、安全、质量、环境关键节点的智能化、集中化管理已在运河、信息港等 5 项220 千伏变电站工程和丰台南营、北湖、房山宫道等 6 座 110 千伏变电站工程中加以应用，更好保障了施工安全和质量。

打造北京新机场，确保供电安全可靠

北京新机场位于北京大兴区和河北省固安县交界区域，终期建设跑道 7 条。设计旅客年吞吐量 1.3 亿人次以上，是目前首都机场的 1.5 倍；年用电量约 8 亿千瓦时，是首都机场的 1.6 倍。作为完善首都城市功能布局、落实首都城市战略定位、推动京津冀协同发展的国家重大项目，新机场对满足京津冀构建现代综合交通运输体系，加快京津冀协调发展具有重要意义。

为保障北京新机场建设，满足北京新机场及周边地区用电需求，建立"多方共同投资建设、移交电力公司整体运营"新机制，全面加快配套电网规划建设，积极加强现状主配网升级改造，确保新机场、安置房的大规模施工用电需求。《北京新机场及周边地区供电保障规划方案》经北京市政府批复，规划新建"1+2+3+4"10 座变电站，各级电源均按照"双路保障"的原则相互链接以提高供电可靠性，建成后供电可靠率达 99.9999%。

① 规划新航城 500 千伏变电站

② 规划张家务、杨各庄 2 座 220 千伏变电站

③ 规划北京新机场用地范围外的张华、广厦、紫各庄 3 座 110 千伏变电站

④ 规划北京新机场用地红线内 4 座 110 千伏变电站

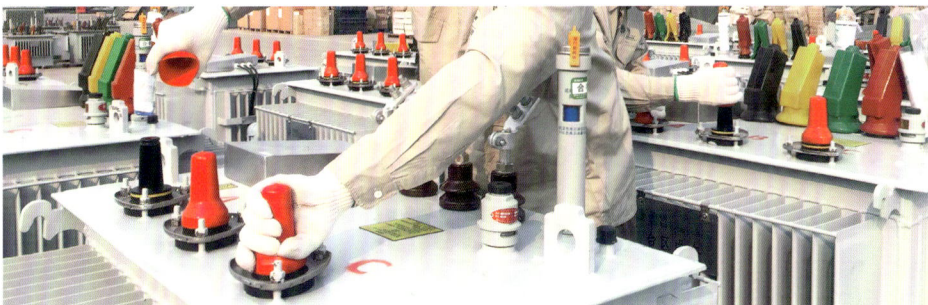

摘自北京电力白皮书

▶ **点评：**这是北京新机场规划建设的 220kV 变电站现场，头戴蓝色工作帽、身穿白色工作服的电力工人，身影重叠、姿势交错，操控安装精密的电力仪器设备。大图展现出整个施工现场的故事背景，融合科技元素与人物现象的概貌，小图在放大电力工人操作的细节，洁白的手套，红黑的旋钮，画面定格在工人身子前倾，两只手分别抓住电力器件，一种躬亲尽责的形象跃然纸上。

❓ 如何服务
北京城市副中心？

高起点规划

贯彻京津冀一体化国家战略，保障疏解北京非首都功能有序推进，为北京行政副中心提供可靠电力支撑，高水平规划建设北京城市中心电网。

高标准建设

主动服务北京市发展大局，加快推进城市电网工程建设。配套变电站建设采用"低碳环保"和"资源节约型、环境友好型、工业化"的设计，使用智能低损耗设备、小型化气体设备、低噪声风机、环保渗水砖等新材料和新技术，实现远程监控无人值守。

仅用86天完成城市副中心输电线路迁改任务。新建铁塔53基，新建改移110千伏及以上输电线路20.5千米。行政办公核心区架空线路全部实行电缆化，提高供电可靠性。

110千伏永顺变电站扩建工程于2016年5月底竣工投产，220千伏运河变电站在通州温榆河畔开工建设，快节奏、高强度、超常规的工作状态成为北京城市副中心电网建设的新常态。

满足"煤改电"接入需求

2016年通州地区"煤改电"任务最重。为顺利推进工程建设，组织开展"煤改电"负荷测算、电网接入能力分析和选址选线方案分析研究，全年新装变压器868台，新架高压导线237.2*3千米，低压导线620.9*4千米，新立电杆约1.59万基，满足138个村约4.6万户居民的"煤改电"工程用电需求。

用电报装实现快接快送

构建"一口对外、内转外不转"服务体系，设置专职客户经理，分解指标，加强营销、规划、调度、物资等部门业务协同配合，全力压缩内部流程，提高接电效率。2016年，通州地区完成接电141.9万千伏安，同比增长79.71%。

为及时满足北京城市副中心首批施工临时用电需求，通过简化办电手续，供电方案签报缩短至5个工作日，1个月即完成从报装到送电的全流程工作，用电报装容量共计16290千伏安，投入使用24台变压器，实现了电力与行政办公区建设的有效衔接，保障了施工现场和生活区电力供应。

141.9 万千伏安

2016年，通州地区完成接电141.9万千伏安

20.5 千米

新建改移110千伏及以上输电线路20.5千米

💡 最大化减少线路迁改影响，便捷百姓生活

国网北京通州供电公司在线路迁改过程中，全面考虑对城市美观、交通功能、行人安全和居民生活的影响，将架空线路改为地下电缆，用美观小巧的电缆小室替代入站电杆。开展"绿色施工"和"文明施工"，保证工程灰尘、噪声污染控制在一定范围，避免影响附近居民的正常生活。电缆一经入地，一周内迅速完成退运电力设施的拆除与地面平复工作，彻底消除电力设施"占路"问题，方便百姓出行。

摘自北京电力白皮书

▶ **点评：** 抬头仰望高空的电力工人，正在用匍匐的体态艰难施工作业，双腿夹住保持重心平稳，双手用工具连接线缆，专注作业的形态让人肃然起敬。右图采用放大的形式，一个感人的瞬间——因为施工来不及擦汗，汗水流到左眼里，工人下意识地闭上了左眼，与睁开的右眼形成对比。由远拉近，从小到大，一个人背后是一个企业，肩上担负起整个社会的责任。

"煤改电"：走过十三载，迎望"十三五"
——追逐绿色的脚步从未停歇

2006 年
西城区府右街2700户改造完成。至此累计完成东、西城等历史文化保护区内3.7万户居民"煤改电"工程

2009 年
东、西城区平房居民开展"煤改电"，涉及居民8万户

2013 年
核心区"煤改电"工程总体完工，累计改造量达26.4万户

2015 年
完成16个街道、168个村改造工作，涉及居民7.5万户

2017 年
预计完成522个村20.5万户改造任务，实现南七区采暖"无煤化"

2003 年
东四、西四一至八条平房保护区，涉及居民9439户

2007-2008 年
西城、东城南北长街、什刹海、锣鼓巷等文保区完成"煤改电"，涉及居民2万余户

2012 年
非文保区改造开始，涉及居民4.4万户

2014 年
改造完成11个区县56个村，涉及居民1.55万户

2016 年
完成13个区，22个街道，涉及574个村共19.8万户

2018-2020 年
预计共完成17.2万户"煤改电"改造，实现全市平原地区基本"无煤化"

核心区文保区 → 核心区非文保区 → 城区 → 农村平原地区

全力保证居民温暖过冬，需要坚强的电网和充足的电力供应做支撑。"煤改电"后，北京农村地区的居民户均用电容量由原来的1.5千瓦提升至9千瓦。"十三五"期间，公司规划建设7条500千伏外受电通道和46项220千伏及110千伏配套电网工程，确保"煤改电"工程顺利完成。

国网北京电力"煤改电"系列视频

扫描二维码，观看奋斗十八年，斯还北京一片蓝天

扫描二维码，观看做成这件事儿，就不用担心雾霾啦

扫描二维码，观看"煤改电"那些看不见的力量

扫描二维码，观看你还别不信，看了这个短片电采暖费省一成

清洁电

坚持"电从远方来、来的是清洁电"，推进特高压进京工程建设，提升消纳能力、优化电网调度，为首都奉献清洁的电力能源。2016 年，公司开展特高压和外受电通道建设，全面加快东北风电和新疆清洁能源进京消纳，有效推动和支撑能源结构转变，稳步深入实施，保证首都清洁、可持续的能源供应。

摘自北京电力白皮书

▶ **点评：** "电从远方来，来的是清洁电"——作为特高压进京工程建设的小小缩影，这个戴着蓝色安全帽的电力工人，从另一个角度传达出电力企业的以身作则。大图中，虚化的背景突出了工人专注的神态和形态；小图里，绿手套和螺丝刀的精准构图，一丝不苟地将责任落到实处。一大一小互为补充的摄影作品，从整体和局部的不同层面，成为社会责任有力的注脚。

电网盾牌固
确保"万无一失"

随着我国综合国力的增强和国际地位的提高，首都成为越来越多的国际重大会议和活动的"东道主"。公司牢固树立"首都安全无小事"理念，不断强化安全管控能力，持续提升本质安全水平，切实防止发生大面积停电事件，实现安全生产"零死亡"、政治供电"零闪动"，保障首都电网安全的"万无一失"。

实施"反外力百日行动"。面对建设项目施工碰线、线下违章建筑、树线矛盾等外力因素严重威胁电网安全的情况。启动输电线路"反外力百日专项行动"，通过组建专业队伍、开展群防群治，设备运维水平持续提升，"反外力百日专项行动"期间外力故障同比下降65%。

重大活动保电。圆满完成全国两会、十八届六中全会、长征七号火箭首飞试验、天宫二号发射、全球能源互联网大会等重大政治保电任务219项，累计保电天数324天，任务数量和保电天数均创历史新高。

新队伍

组建输电线路运维稽查队。现场稽查巡检组每天分六组，按六个不同方向对输电现场进行巡视检查，重点检查各类隐患点的看护质量

新工具

自主研发生产安全规范化管控平台及APP。充分利用互联网导航功能，实现工作负责人所处位置与管理界面和巡检人员界面的同步，使巡检人员能够"按图索骥"开展巡检

新方法

合力推动线路安全运行。大力推进政府协同和群防群治，强化反外力宣传策划，主动引导社会各方重视、参与反外力工作，最大限度地为线路运行营造良好的环境

加强电力设施保护，开展有奖举报活动

国网北京电力发起电力设施有奖举报活动，对危及电力设施安全运行的外部活动，如线路附近施工，杆塔附近堆土、取土，杆塔或线路上有风筝、气球、横幅等异物的情况，引导居民随手拍照上传至"国网北京电力"微信公众号，对于情况属实的举报给予一定奖励。活动实施以来，收到举报电力设施破坏事件327起，累计给予奖励过万元，有效制止了可能威胁人身或电力设施安全的隐患和风险。

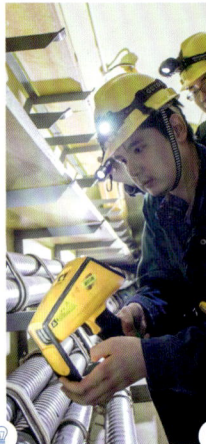

保护地下电缆安全，让彼此不再轻易受伤害

北京地铁施工线路多、范围广，对地下电缆安全构成威胁。国网北京检修公司携手各利益相关方联动协作，探索创建了城市建设中地下电缆安全防护新模式。施工前，与轨道集团和地铁施工单位进行交流，共同开展地质勘探等工作，有效避免钻孔伤害公司电缆设施的风险。建设中，实现信息平台共享，定时通过地下管线信息平台监测电缆安全情况，每天提前核实施工信息，标注记录隐患点。后续运营维护阶段，绘制"一张地下安全图"，标示交叉风险点。在实现多方信息联动基础上，开展联合巡查和安全保护宣传，建立共同行动新模式。

内外联动，探索自然灾害救援新路径

房山区四季特征鲜明、气候复杂、自然灾害易发，对安全供电造成较大威胁，复杂多样的地形也影响供电抢修的高效实施。国网北京房山供电公司梳理分析抢修过程中经常遇到的水患、道路阻塞、信息不对称等挑战，推动政府建立联合指挥平台和综合信息服务中心，做好外部协同。同时，内部加强应急救援管理，组建专业救援队伍，开展应急演练，提升应急能力。房山公司内外联动的自然灾害应急救援新方式提高了外部联合协调性和内部行动灵活性，极大降低了救援成本，缩短了救援时间。

摘自北京电力白皮书

▶ **点评：** 随着首都日渐成为各项国际会议活动的"东道主"，确保安全用电，防止大面积停电事件的发生，也是电力企业践行社会责任的重要体现。电网盾牌防固，不可或缺的是一支安全生产队伍。所以左边大图展示出训练有素整装待发的电力工人队列，让人隔空感受到铿锵的力量。右边的三张小图，则分别从加强电力设施保护、维护地下线缆安全、探索自然灾害应急救援新途径等方面对整支队伍的素质品质进行注解，保障首都电网安全的万无一失。

2015 年 4 月，中共中央政治局会议通过《京津冀协同发展规划纲要》，要求全面加快北京城市副中心建设。2015 年 7 月 12 日，中共北京市委十一届七次全会召开，进一步聚焦通州，高速推进北京城市副中心建设。

随着北京城市副中心行政办公区、商务中心区等重点发展区域兴建、重大项目落地以及大规模客户实现电采暖，通州地区电力需求急剧扩充。

北京城市副中心建设是关系首都城市发展的"历史工程"。国网北京电力全力做好北京城市副中心配套电网工程建设，努力打造国际一流的高可靠性配电网示范区，推动实现网架结构坚强、设备安全可靠、运营智能高效、供电能力和优质服务水平达到国际领先的建设目标。

186 亿元
"十三五"期间，电网投资 186 亿元，规划配套新建 1 座 500 千伏变电站、8 座 220 千伏变电站、27 座 110 千伏变电站，通州电网供电能力将达到 2015 年的 2.7 倍

100 %
2017 年，电力供应满足北京市委等四套班子入驻条件。2020 年，城市副中心供电可靠性达 99.999%，城市副中心行政办公区供电可靠性达 99.9999%，电压合格率达到 100%，具备国际一流供电水平

北京城市副中心要建设什么样的电网

高可靠性
500 千伏形成"一南一北、双电源支撑"供电格局，220 千伏电网形成 3 个供电分区，110 千伏电网基本形成链式结构，行政办公区核心区建设具备合环运行条件的高可靠性 10 千伏配电网

一体化
配管建设城市电力运行保障中心，全面承接电网生产调度、应急指挥、营销服务等核心业务，为城市发展提供一体化的电力保障

摘自北京电力白皮书

▶ **点评：** 当通州区成为北京城市副中心后，区域用电需求剧增，北京城市副中心要建设什么样的电网，是国网北京电力需要思考规划践行的社会责任主题。大图从两个电力工人的现场勘察检测着手，背景是一排气势恢宏的电力设备，远处若隐若现的高楼，象征眼前的电力供应保障一座城市的用电。小图拍摄到一只手拧装电力器件的瞬间，仰望的即视感，密密麻麻的线路，仿佛昭示着与众不同的任务。北京城市副中心建设是关系首都城市发展的"历史工程"，是历史赋予的责任。

9 尝试新的拍摄手段

9.1 让手机成为拍摄利器

　　随着手机镜头成像质量和像素的不断提高，加上随手可拍的快捷特性，手机摄影已经成为人们日常生活的一部分。在很多情况下，手机的拍摄和传播更为便利，在生活中甚至新闻摄影中都具有很大的优势，已成为摄影师的一大拍摄利器。

黄友安的工作和生活（黄友安 摄）

9.1.1 手机摄影没什么大不了的

现在手机拍摄的照片不只是可以在微信朋友圈发一发，因其文件大小在 3M 左右，完全能满足传统纸媒的要求，一幅照片在对开大报上印半版不是问题。不仅如此，千万像素的手机拍摄的作品，采用艺术微喷能打印输出 A4 大小的照片，经过插值甚至可以更大。

▶ **背景：** 这组照片来自一位叫黄友安的国网武汉供电公司员工的微信，照片日记式的记录了黄友安的工作和生活。

▶ **点评：** 据了解，黄友安不是一个摄影发烧者，构图用光也不讲究，有的照片可能还是同事和朋友所摄，但这些并不影响他的表达，毫无做作的画面反而让人身临其境，更显真实。从中我们观察到黄友安的性情。春夏秋冬、白天黑夜、水中泥中……一幅幅朴实的场面述说立塔架线"铁人"的艰辛和敬业，透过"东方之星遇难者默哀"、"劳动闲瑕，采一采花"、"今天过生日，前世小情人送的礼物"，也展现了他作为平凡人的情怀。

其实，手机更像一个会拍照的笔记本，只有当你记录下一个个有意思的"遇见"或"看见"，保留下自己一段段的真情实感，他才会灵性起来。

9.1.2　你必须知道的手机摄影三条法则

1）手机只是一个定焦镜头。需要记住大多数手机只是一个定焦镜头，永远不要使用它的变焦功能。手机上的摄影缩放功能其实是数字变焦，也就是说只是单纯地在原有图像上进行局部缩剪，结果是导致图像出现难看的马赛克。如果真的需要被摄主体离你的镜头近些，最好的办法是移动你的双腿。

（2）从开机到拍摄控制在5秒。手机的一大优点是从开机到按下"快门"拍摄只要5秒钟，不信你可以试试。因为大多情况下，它所携带的广角镜头是不需要对焦的。这个很重要，一个好的瞬间可能稍纵即逝。拍得好和拍的差或许还有空间可以弥补，但如果没拍到，那只有一声叹息了。

（3）手机摄影的创意至关重要。如果以传统的摄影标准来衡量，手机摄影只能是单反相机的"小弟"，但手机拍照不仅是拍出一张好看的照片，还意味着即兴、实验与社交媒体上的分享过程。也就是说，你需要去尝试更大胆的构图，更多的偶然性。在画质和拍摄场景本身就受到局限的时候，手机拍照的创意更显得至关重要。

烈日下的供电人（周茜 摄）

▶ **点评：** 照片摄于2015年夏天。照片中被汗水浸透的背影占据一半画面，给人强烈的视觉冲击。照片很快被《长江日报》头版大幅面刊发，后来还在一些摄影比赛中获奖。

大家都说好，但让人不敢相信的是，它是手机拍摄的。

从这张照片可以说明，一幅照片的好坏，不在于使用的是手机还是相机，关键是相机或手机后面的脑袋以及一双会发现的眼睛。

"降烧神器"为变压器降温（朱长江 摄）

▶ **背景：** 照片摄于 2017 年夏天。当时，武汉遭遇持续高温，武汉电网用电负荷 5 天 5 创历史纪录，最高达 1148.77kW。高温高负荷使一座变电站的主变重载，油温超过 85 摄氏度。变电运维人员"发明"了这样"降烧神器"为变压器降温。

▶ **点评：** 照片是使用手机拍摄的。在一般情况下，手机与相机拍摄的照片都能满足媒体发稿，现在有些新媒体不喜欢专业摄影师拍摄的照片，更爱用普通网友手机拍摄的"不完美"照片，他们需要的是更有现场感的老百姓的视角，以及更快的传播速度。这幅照片拍摄后不到半小时便被当地新媒体采用。

中午，敷着面膜处理文件的女职员（朱长江 摄）

▶ **点评：** "手机摄影不仅是一种简单的休闲和娱乐，重要的是它能让人们停下脚步，用摄影的方法观察身边的人和事，用全新的角度来欣赏生活。"这是度娘说的。

能用全新的角度欣赏生活，当然也可用全新的角度来反映工作。

这幅照片让我们看到不一样的当代女性。以往，我们看到表现女职工的摄影作品，大多是"女汉子"高大上的形象，而这幅作品摄取的是"她"午间的一瞬，或许刚刚从烈日下的工地回来，或许下午要报材料，但保护自己的肌肤不能马虎。女性都是爱美的。

可见，手机能让人们用一种更平和、更细腻、更朴实的心态来观察并记录工作生活中的点点滴滴，当然在这点点滴滴的画面中多一些俏皮、多一些忍禁不俊就更好了。

为电网建设和改造而忙碌有供电设计员（朱长江 摄）

▶ **点评：** 这幅照片画面杂乱得像"编辑部里的故事"，实则井然有序。它反映了电网建设快速发展的背景下，供电设计人员的辛勤与奉献。

另外，这幅照片的曝光处理比较准确。因为大多手机初设是平均测光，如果这幅照片仍采用这种测光拍摄，照片就会过曝，图中的计算机就会成为一块"白板"而没有内容细节。这种情况下，要采用手动，首先点击手机屏幕，这时屏幕上会出现带小太阳的黄色方框，移动方框至合适点，观察是否你要的曝光值，然后按下快门拍摄。

有一点提示，手机摄影通常宽容度不够，这种场面光线情况下，要么亮部过曝，要么暗部曝光不足。所以，建议开启 HDR 模式让手机照片获得更多动态范围，以及更加丰富的高光和暗部细节。

9.2　用无人机轻松实现航拍

航拍是指从空中以俯瞰视角进行拍摄的活动。相较于一般的拍摄，航拍能够更加清晰地展现地理形态，视角也更为特别。所以航拍的发展，特别是无人机航拍技术的应用，更为人类重新认识世界提供了更多的可能。使用无人机进行航拍相较于传统直升机载人航拍的方式，具有低空、灵活、风险小、费用低等优势。

9.2.1　无人机的基本操作

我们以四轴多旋翼无人机为例，把无人机的操作分为如下部分。

（1）在操控无人机拍摄之前须遵守无人机飞行的三个条件：取得无人机驾驶证、空域申请和提交飞行计划。

（2）起飞前的准备。安装螺旋桨，打开云台锁扣，安装电池，打开遥控器电源、打开飞行器电源，遥控器连接手机（平板电脑）APP客户端，等待飞行器自检正常，校正指南针，设置飞行器返航高度，听到客户端"返航点已刷新"的提示后，说明起飞准备就绪。

（3）起飞。根据不同的遥杆模式（美国手、中国手、日本手）解锁，飞行器的螺旋桨开始高速旋转，推动飞行器的上升杆，飞行器上升，在确保安全的前提下，通过拉伸、俯仰等操作将飞行器控制到指定的位置。

（4）空中构图取景，拍摄。照片的构图拍摄，遥控器上有快门，直接按下就能将屏幕中的实景随时保存到存储卡中。

航拍作为一种拍摄方式，实际上是将传统的相机与自己分隔几十米甚至几百米，操纵无人机进行拍摄时不仅要求操控者有熟练的操控技术，而且需要具备良好的构图素养。

技巧一：二分法构图，平分秋色；

技巧二：向心式构图，万向牵引；

技巧三：对称式构图，平衡美感；

技巧四：S 形构图，曲韵丰景。

视频拍摄是在按下录像按钮后开始实时记录屏幕中的画面，再次按下录像按钮停止录像。视频拍摄主要航线飞行技巧如下：

1. 直飞

直飞是最简单常用的航拍方法，拍摄诸如海岸线、公路、城市、街景是个不错的选择。通常飞行器在一定高度固定好镜头的角度，然后保持直线飞行就行了。根据镜头角度分为平视直飞，俯视（0~90°）直飞，我们所要做的就是控制好飞行高度和前进路线，并可留有一定前景，这样飞行过程中镜头会不断呈现出画面和细节的变化。如果前景是狭窄空间，直飞穿越后会呈现出开阔的画面，给人豁然开朗的感受。

推荐组合动作：直飞 + 升降，直飞 + 回转镜头。

范超 摄影

2. 后退倒飞

后退倒飞其实就是直飞的倒飞手法，可根据镜头角度分为平视倒飞，俯视（0~90° 之间）倒飞。由于倒飞的原因，前景不断出现在观众面前，如果有多层次镜头，航拍镜头倒飞堪称绝佳选择。选择倒飞就像人在倒走，后面是盲区，所以一定要注意后面障碍物。倒飞时，动作也可以组合多变，比如边倒飞边拉升，这样逐渐体现大场景的宽度和高度，这种由近及远的画面变化感很吸引人。

推荐组合动作，后退倒飞 + 升降 + 旋转。

3. 飞越

飞越是航拍进阶的技巧，也是个常用的拍摄手法，大体可分为两种。第一种，直飞逐步拉升飞越，飞行器以较低高度直飞，镜头固定角度，接近目标主体过程中逐步拉升飞行器高度，并紧贴目标上空飞越；第二种，直飞逐步拉升飞越后俯视，这个技巧比上一个技巧多了一个镜头动作，操作难度也有提升。

推荐组合动作，飞越 + 升降，飞越 + 镜头回转，飞越 + 转身 180° + 后退倒飞。

4. 抬头

抬头是在飞行过程中逐渐调整拍摄角度，从受局限的俯视过渡到开阔的视角。在水面和草地上飞是常见的画面，开始的时候，俯视水面和地面，然后逐步镜头抬起，以一种未知的受限的视觉，过渡到壮阔的前景，也是一种让人豁然开朗的感觉，抬头时飞行方向也可以多变，可以原地悬停，可以向前直飞，也可以倒飞等等，航拍镜头语言更加丰富。

推荐组合动作，直飞 + 抬头，倒飞 + 抬头，定点悬停 + 抬头。

5. 拉升下降

升降也是常用的航拍镜头语言，视野从低空到高空，或者从高空到低空。可以分为常规升降和俯视升降，常规升降镜头向前，镜头也可以向下，飞行器垂直的拉升或下降高度，使用比较多的是拉升镜头，比如俯视拉升。俯视拉升是镜头完全垂直向下，这个视角从天空俯瞰地面，别有一番感觉，被称为上帝的视角。

俯视拉升随高度的增加，视野从局部迅速扩张至全景，突显以小见大的画面效果，俯视下降则反之。如果在俯视拉升时加上旋转，边旋转边拉升，可以使画面更吸引人，这个动作对美国手而言比较简单，只需操作左手一个杆就可以做到。

推荐组合动作：升降 + 直飞，俯视升降 + 旋转。

6. 侧飞

侧飞也就是侧向飞行，斜线飞行，从目标一侧飞向另外一侧。一般飞行器如果靠近目标画面遮挡会比较多，侧飞过目标画面渐渐移开前景出现背景，这是常见的拍摄手法，离目标较远，画面张力会稍弱些，常用于追踪物体的拍摄。例如运动中的汽车，这是很多汽车广告航拍常用的手法，或者拍摄城市高楼林立的视觉变化。另外侧飞也可以俯视侧飞，或者带角度的俯视侧飞。

推荐组合动作：侧飞 + 升降，斜线侧飞 + 升降 + 直飞。

7. 旋转和环绕

旋转是以飞行器自身为旋转，用以呈现俯摄四周的环境。

环绕俗称刷锅，是以目标为中心，飞行器围着目标转，对于孤立的目标最适合。

要注意的是旋转和环绕这两个动作，操纵飞行器要控制速度，匀速绕圈，画面才会优美动人。

推荐组合动作：旋转 + 升降，环绕 + 螺旋拉升

8.回收降落

拍摄完成或低电量情况下需要回收飞行器，这是考验拍摄者的时刻。可视范围内，尽量通过手动方式回收。非可视范围，通过罗盘指示，将飞行器箭头转到返航点，推动飞行器往前飞，同时降低飞行器高度，待飞行器到达可视范围后进行手动收回。如果觉得上述有难度，可尝试一键返航。

9.2.2 注意事项

（1）拍摄前给设备充电。大多数航拍设备都是用电池作为动力来源，锂电池放电快，在户外充电基本不可能，所以拍摄前一定要给所有设备都充足电。

（2）飞行前检查无人机桨叶。对于无人机来说，螺旋桨是其顺利飞行的重要组成部分，螺旋桨选的好可以增强飞行的稳定性和控制手感，反之如果螺旋桨选得不好，则会增加飞行的不稳定因素。因此在飞行前务必要做好对飞行桨叶的检查。

（3）更换场地时进行指南针校准。由于受磁场等的影响，无人机更换场地飞行时必须先进行指南针的校准。要注意请勿在强磁场区域校准，校准时请勿随身携带铁磁物质、请勿在大块金属附近和室内校准指南针。

（4）选对天气和时间。光线和天气对作品的影响极大，航拍不一定要大晴天，有云的天气最好，构图也会比较好，最好选择晨曦或者余晖时刻。

（5）预先设计航拍线路。开拍前，首先必须确定镜头的主题、构图以及基本航线，将无效飞行降到最低，并做好周围信号干扰源的分析，减少失控的可能。

（6）选择合适的飞行地点。通过手机客户端查看遥控器和图像传输的信号状态，选择附近没有高楼、电线、密集人群、大型金属设施的非敏感地区飞行，并保证飞机和遥控器间没有任何障碍物的遮挡。

供电员工在检查光伏设备运行情况（汤德宏 摄）

▶ **背景：** 2015 年 7 月 29 日，全国最大的水上光伏发电基地，位于江苏兴化李中镇黄坏村的华电（兴化）太阳能发电项目总发电量突破 10 亿 kw·h。该项目总投资 50 亿元，占水产养殖面积 600 亩，总装机容量为 500mw，平均年发电量为 6.2 亿 kw·h，可节约标煤 1.85 万吨，减少二氧化碳排放量约 4.52 万吨。

▶ **点评：** 作者根据该项目是当时全国最大的水上光伏项目，总发电量突破 10 亿 kw·h 这个新闻点，利用清晨日出的瞬间，把喷薄而出的红日与小船上的技术人员、大面积的光伏板都融合到一抹温馨而柔和的暖色调当中，在朝霞的映衬下形成一幅宁静和谐的清晨施工画面。

电力技术人员在江苏省泰兴市宣堡镇温室大棚顶上检查新安装的光伏发电板（汤德宏 摄）

▶ **背景：** 这种电站采用新型光伏太阳板，建在温室大棚顶上不影响室内植物采光，又能有效利用太阳光源，提高土地收益。传统蔬菜大棚采用的是薄膜，一年更换一次，光伏蔬菜大棚采用的是钢化玻璃结构，可使用 25 年，省去了每年更换薄膜的麻烦。该电站总投资 3 亿多元，占地 1000 亩，建成后年发电 2400 万千瓦时。

▶ **点评：** 用相机拍摄这种照片并不难，但这个现场是在新型的光伏电池大棚顶上，摄影师无法站到大棚上去，周围又无制高点，只好借助无人机。无人机在低空拍摄这种剪影照片，首先要把握好无人机的安全，其次还要注意调节无人机相机的进光量，过曝要减光、欠曝要加光，根据屏幕上所观察到的图像来操作，不能死记硬背说明书。

2017 年 2 月 24 日，施工人员在江苏阜宁县境内架设线路（汤德宏 摄）

▶**背景：** 锡盟—泰州 ±800kV 特高压直流输电线路工程江苏境内标段的线路架设接近尾声，即将进入验收阶段。

锡盟—泰州 ±800kV 特高压直流输电工程是国家大气污染防治行动计划 "四交四直" 工程之一，途经内蒙古、河北、天津、山东、江苏，全长 1620km，于 2017 年建成投运。

▶**点评：** 2017 年 2 月 24 日，在江苏阜宁县益林镇境内工程施工人员跨越新（沂）至长（兴）铁路架线。由于当时天气原因天空部分有点灰暗，还好白色绝缘子与施工人员红色工装形成反差。航拍时无人机高度 50m，角度 45 度角斜拍。当时使用的是大疆精灵 4 无人机航拍，此机型镜头只有定焦功能，近距离无法表现更大场面，如果再往左侧飞远点，就能拍到线路右侧下面的铁路线上穿行的列车，这样能更好地表现跨铁路施工这一工程亮点，新闻性会更加突出。

锡盟—北京东—山东 1000kV 特高压下送北京输电工程开始节点破口施工（刘钦壮 摄）

▶ **背景：** 5 月 18 日至 26 日，锡盟 – 北京东 – 山东 1000kV 特高压下送北京输电工程开始节点破口施工，500kV 太顺 II 回线与特高压下送工程并网，为北京东 1000kV 变电站设备调试提供启动电源。

▶ **点评：** 照片使用无人机航拍。拍摄时以建成的特高压线路为背景，交代事件内容和环境；以施工现场为前景，突出主题。较好的拍摄角度清晰地交代出事件内容。

榆横—潍坊 1000kV 特高压输电线路 23 标段组塔施工（田世超 摄）

▶ **背景：** 2016 年 12 月 1 日，山东省济南市济阳县，榆横—潍坊 1000kV 特高压输电线路工程 23 标段正在进行组塔施工。

▶ **点评：** 无人机升至 243m 高空，近距离拍摄作业场景。斜线构图增强了空间感，施工人员的形态加强了动感，使画面充满张力。

9.2.3　没有无人机的年代是怎样进行航拍的

在无人机充分普及的今天，我们很难想象，就在几年以前，航拍还必须依靠有人驾驶的直升飞机、滑翔机或小型三角翼飞机等航空器来完成。这对于大多数摄影师来说无疑是个梦想。

而且，利用传统的直升机和小型飞机航拍也不是万能的，现在使用无人机能够轻松完成的拍摄，有人驾驶飞机反而做不到。比如超低空跟踪拍摄和贴近被摄体拍摄，传统飞机则要冒很大的风险。而这对于无人机却不是问题，可轻易完成超低空飞行，靠近被摄体拍摄也不会干扰被摄对象。

公伯峡水电站鸟瞰（丁海生 摄）

▶**点评：** 2009 年 7 月 28 日，我登上三角翼飞机对获得中国电力工程优质奖、青海省"江河源"杯奖、青海省环境友好工程、鲁班奖、国家环境友好工程奖、詹天佑奖的公伯峡水电站进行航拍。由于库区上空气流变化和飞机重量较轻的原因，飞机几次发生抖动，着实让我出了一身冷汗，试想着从一百多米的高空摔到地面或水库里是一种什么感觉，好在一会气流就平稳了。

黄河水电格尔木光伏电站二期 100mw 工程实现并网发电（丁海生 摄）

▶ **点评：** 2012 年 12 月 30 日，由中电投黄河水电公司投资建设的黄河水电格尔木光伏电站二期 100mw 工程实现并网发电。

为了表现光伏电站浩大的场景，特地请建设单位准备了吊车和吊笼，我在吊笼中从 30 多米的高空俯拍，模拟航拍效果。

后　记

金秋时节，硕果飘香。《瞬间的把握—电力摄影实践》终于成书了。这本书凝聚着太多人的心血和期望，更凝聚着无数人的关怀与祝福，它的厚重绝不是只言片语所能表达的。

摄影是新闻宣传最直观、最迅速的表达方式。由于电力企业大多数员工都是电力院校毕业的理工生，没有接受过专业的摄影知识培训，拍摄水平差强人意。摄影知识上的不足，往往导致拍摄出来的新闻照片水平较低，甚至出现了很多照片无法使用和发表的情况。作为新闻摄影工作者，应该熟练掌握一些基本的摄影技术、技巧，以应对不同条件、不同场合的新闻摄影工作。

国网北京市电力公司组织编写本书的初衷就是为了提高电力企业新闻宣传人员的摄影水平。在英大传媒投资集团有限公司的大力支持下，特邀中国电力传媒集团总编室副主任王飞老师作为本书主编。我们衷心的希望这本书能够帮助全国电力行业的新闻摄影工作者在实际工作中提高摄影水平，希望通过我们的努力能够为电力新闻宣传工作尽绵薄之力。

《瞬间的把握—电力摄影实践》从方案策划、作品收集到专家评审等各个环节，得到了英大传媒大众图书中心的鼎力支持；得益于王飞老师和全国电力行业高水平的新闻摄影工作者无私地分享他们的技能和经验，丰富了本书的内容，一定会使读者受益匪浅。在此还要特别感谢新华社新闻信息中心新媒体发展部主任黄文、华北电力大学艺术教育中心副教授佟忠生等专家对本书提出的宝贵建议。国网北京市电力公司感谢所有给予本书帮助和支持的领导、同事、朋友及所参阅文献的作者，谢谢大家！

尽管参与编写的全体人员都尽心竭力，但缺点和错误在所难免，恳请广大读者批评指正。

国网北京市电力公司

2017 年 9 月 1 日

参 考 文 献

[1] 许林 . 读图时代的新闻摄影论说 [M]. 北京：中国摄影出版社，2002.

[2] 程铁良 . 新闻照片：自始至终的有限相对性真实 [N]. 中国摄影报，2011.9.27.

[3] 程铁良 . 现代都市报新闻价值判断的困境与对策 [N]. 中国摄影报，2007.7.27.

[4] 程铁良 . 9 月环球瞬间 [N]. 中国摄影报，2010.10.15.

[5] 陈智 . 浅议无人机航拍的应用 [J]. 时代金融，2014（15）.

[6] 谢意一 . 刍议无人机航拍的应用分析 [J]. 电子技术与软件工程，2016（9）.

[7] 林路 . 摄影艺术二十讲 [M]. 上海：学林出版社，2005.

[8] 美国纽约摄影学院 . 美国纽约摄影学院摄影教材 [M]. 中国摄影出版社译 . 北京：中国摄影出版社，2009.